ERMÍNIA
BRUNETTI

Beatrice Immediata

ERMÍNIA BRUNETTI
Apóstola e mística com dons extraordinários

Dados Internacionais de Catalogação na Publicação (CIP)
(Câmara Brasileira do Livro, SP, Brasil)

Immediata, Beatrice
  Ermínia Brunetti : apóstola e mística com dons extraordinários / Beatrice Immediata ; [tradução Adriana Zuchetto]. -- São Paulo : Paulinas, 2019. -- (Coleção em busca de Deus)

  Título original: Erminia Brunetti : apostola e mistica dai doni straordinari
  Bibliografia.
  ISBN 978-85-356-4573-6

  1. Brunetti, Ermínia, 1914-1996 2. Congregação das Filhas de São Paulo - História 3. Irmãs Paulinas - Biografia 4. Vida religiosa I. Título. II. Série.

  19-30702   CDD-271.97092

Índice para catálogo sistemático:
1. Irmãs Paulinas : Religiosas : Biografia e obra   271.97092

Maria Paula C. Riyuzo - Bibliotecária - CRB-8/7639

Título original da obra: *Erminia Brunetti, Apostola e mistica dai doni straordinari*.
© Paoline Editoriale Libri. Figlie di San Paolo, 2015. Via Francesco Albani, 21 - 20149 Milano - Italy

Direção-geral: *Flávia Reginatto*
Editora responsável: *Andréia Schweitzer*
Tradução: *Ir. Adriana Zuchetto*
Copidesque: *Ana Cecilia Mari*
Coordenação de revisão: *Marina Mendonça*
Revisão: *Sandra Sinzato*
Gerente de produção: *Felício Calegaro Neto*
Capa e diagramação: *Tiago Filu*

Nenhuma parte desta obra poderá ser reproduzida ou transmitida por qualquer forma e/ou quaisquer meios (eletrônico ou mecânico, incluindo fotocópia e gravação) ou arquivada em qualquer sistema de banco de dados sem permissão escrita da Editora. Direitos reservados.

Paulinas
Rua Dona Inácia Uchoa, 62
04110-020 — São Paulo — SP (Brasil)
Tel.: (11) 2125-3500
http://www.paulinas.com.br
editora@paulinas.com.br
Telemarketing e SAC: 0800-7010081
© Pia Sociedade Filhas de São Paulo — São Paulo, 2019

SUMÁRIO

PREFÁCIO 9
I. CASTIGLIONE DEI PEPOLI 13
II. O EVANGELHO PELAS ESTRADAS 21
III. UMA MUDANÇA PARTICULAR 31
IV. APÓSTOLA E MÍSTICA 53
V. CARISMAS EXTRAORDINÁRIOS 73
VI. "MÃE DOS MEUS SACERDOTES" 91
VII. A MISERICÓRDIA DO PAI 105
VIII. O OUTRO LADO DA VIDA, O PURGATÓRIO 119
IX. EM DIREÇÃO À OUTRA MARGEM 135
X. EM RECORDAÇÃO DE IRMÃ ERMÍNIA 147
APÊNDICE 155

PREFÁCIO

Falar de uma religiosa não é como falar de uma estrela do rock ou de uma personagem famosa, conhecida pelo grande público. É outro universo que por si já faz fronteira com o transcendente; se, além disso, trata-se de uma pessoa que viveu experiências extraordinárias, então a tarefa se faz ainda mais árdua. De fato, Ermínia Brunetti é uma Irmã da Congregação das Filhas de São Paulo que viveu experiências além do normal, recebeu revelações além do habitual numa rede de relações sobrenaturais desconhecidas pela maioria das pessoas.

Todos nós já ouvimos falar dos místicos. Pessoas que receberam dons particulares de Deus, e não por merecimento seu, mas por pura gratuidade do Senhor – as assim chamadas *gratis datae* – geralmente oferecidas em benefício de outros. Na história da Igreja, através dos séculos, existiram muitas figuras de místicos, mulheres e homens, que experimentaram nos caminhos do espírito um currículo, sem dúvida, incomum. Com frequência, além de não serem compreendidos, às vezes eram vistos com desconfiança e colocados sob suspeita.

Neste livro, enquanto se organiza a biografia de Irmã Ermínia, cruzam-se também vários fatos excepcionais ocorridos na sua vida. Graças singulares que o Senhor especifica lhe serem oferecidas em favor dos outros. Irmã Ermínia desenvolveu um apostolado particular no próprio coração da sua vocação de paulina. Faculdades como o discernimento, a capacidade de ler pensamentos, a clarividência, o dom de curar, de libertar das possessões e muitas outras a levavam a um contato com as necessidades e o sofrimento humano de tantas pessoas que a ela recorriam.

Pode-se crer ou não em certas coisas que ultrapassam o racional. Todavia, não se pode negar a existência daquilo que não conseguimos compreender. O Senhor tem os seus desígnios para cada pessoa e possibilita a sua realização.

Contam-se muitos episódios, problemas resolvidos, graças alcançadas pela oração de Irmã Ermínia, seja da parte de quem estava presente, seja porque outros lhe contaram. Neste livro são narrados somente alguns, apenas para ter uma ideia daquilo que acontecia por meio dessa Irmã que, a contragosto, tinha aceitado do Senhor dons extraordinários aos quais, de boa vontade, teria renunciado. Irmã Ermínia não os desejava de fato. "Não os quero porque me fazem sofrer muito", disse uma vez com franqueza ao Senhor. Mas recebia como resposta da voz interior, que percebia habitualmente, estas palavras: "Eu escolho as coisas que não são. E escolhi você".

E surpreende observar como, tantos anos depois de sua morte, a fé de muitas pessoas na intercessão dessa Irmã ainda continua viva. De fato, contam-se sempre novas graças obtidas pela sua intercessão: curas inesperadas, dificuldades superadas... Irmã Ermínia, hoje, continua o seu apostolado através daquele mistério que é a comunhão dos santos. Aquela união mística que une a Igreja militante (que somos nós) à Igreja do purgatório e à Igreja triunfante: único Corpo místico de Cristo.

A vida de Irmã Ermínia pode oferecer uma luz nova, ou talvez um suplemento de luz, também através das experiências extraordinárias, a nosso relacionamento com Deus e com o próximo. Sobretudo a nosso conhecimento da misericórdia de Deus, que se manifesta como Pai que ama cada pessoa com amor único. Nas revelações dos místicos, de fato, tomam formas sensíveis todos os apelos do amor e da compaixão de Deus pelo ser humano, já anunciados nas páginas do Antigo e do Novo Testamento.

Nota: Todos os fatos extraordinários narrados neste livro foram extraídos dos numerosos escritos de Irmã Ermínia Brunetti, além de diversos testemunhos, todos documentados.

I

CASTIGLIONE DEI PEPOLI

"EU TE FAREI PAI E MÃE"

Quando se começa a ler a vida de qualquer pessoa, é instintivo perguntar-se quem é, de onde vem, quando viveu. Isso serve apenas para enquadrar o todo e prosseguirmos tranquilos em nossa leitura.

No dia 17 de maio de 1914 nasceu Cesira. Os genitores, Augusto Brunetti e Maria Malfanti, moravam em Castiglione dei Pepoli, uma pequena localidade dos Apeninos bolonheses.

A menina era a primeira filha do casal e foi batizada no mesmo dia com um nome de origem etrusca: Cesira. Os imperadores romanos já tinham transformado este nome em "Cesare". Um nome de caráter imperial, portanto; mas a pequena Cesira estava destinada a outro império e a outro imperador. Mais tarde, na profissão religiosa se chamará Ermínia, Irmã Ermínia Brunetti. E, com tal nome, avançaremos, em seguida, contando sua particular experiência de vida.

Castiglione dei Pepoli não era um grande centro nem oferecia muitas possibilidades. É preciso levar em conta que estamos no início do século passado, quando a estrutura socioeconômica italiana ainda estava em vias de desenvolvimento. De fato, os primeiros fermentos do mundo industrial emergente conviveram com uma situação difusa do proletariado nos limites da miséria. Além disso, começava a chamada "Grande Guerra" de 1915-1918 contra a Áustria, e toda guerra traz sempre novas dificuldades que se acrescentam àquelas já existentes.

Os genitores de Cesira eram pessoas laboriosas, dedicadas ao trabalhão e à família. Durante a guerra, Augusto foi chamado para o serviço militar, enquanto sua esposa esperava o segundo filho. Quando nasceu o irmãozinho de Cesira, o pai não estava, nem conseguiu permissão para visitar a família. Infelizmente, logo depois do nascimento da criança, a mãe ficou doente com a gripe espanhola, uma epidemia que naquele tempo fez muitas vítimas não só na Itália, mas em toda a Europa, e entre estas levou embora também a jovem mãe de Cesira. Augusto finalmente conseguiu obter permissão para voltar para casa, mas, quando chegou, sua esposa já estava sepultada havia três dias.

Existem sofrimentos mudos, que pesam como chumbo no coração de quem os sofre. E o pai de Cesira precisou suportar algo assim. Na sua casa, vazia da presença de Maria, sua esposa, encontrou o filho recém-nascido e a pequena Cesira que tinha apenas três anos. Em vão, esse homem procuraria uma ama para amamentar o pequenino: por conta do terror de contrair a gripe espanhola, da qual morrera a mãe da criança, nenhuma mulher aceitou tomar conta do pequenino. Augusto, então, decidiu casar-se novamente. De fato, seis meses depois da morte da sua mulher, casou com uma jovem do lugar, chamada Ildegarda Muratori.

A pequena Cesira, nesse meio-tempo, vivia com a avó materna, mas, com o casamento do pai, ela voltou para a família. Para Cesira, que era muito afeiçoada à sua avó, essa separação foi um novo trauma afetivo, depois da morte de sua mãe. Além disso, a dificuldade de chamar a nova mulher do pai de "mamãe" foi certamente relevante para a menina. É uma dificuldade comum a todas as crianças, quando morre a mãe e o pai casa-se novamente. Isso acontece se a nova mãe não tem sensibilidade materna capaz de acolher os filhos da outra como seus. Mas parece que não foi a situação desta menina.

A pequena Cesira experimentou muito cedo o sofrimento. É de perguntar se esse evento pesou muito sobre sua sensibilidade de adulta. Provavelmente sim, e veremos isso mais tarde, quando desenvolverá um caráter de grande doçura, afabilidade e acolhimento de qualquer um que entrasse em contato com ela. Sobretudo sua atenção pelo sofrimento dos outros, com um modo de ser bastante maternal e afetuoso. Talvez o afeto que lhe faltou da mãe, a solidão do seu coração de menina, em vez de endurecê-la e torná-la egoísta e amargurada, forjaram-lhe um sentimento positivo: ela encherá de doçura e atenções o vazio dos outros, tendo já o experimentado na sua vida.

Mas a esse crescimento interior não é certamente estranha uma mão que vem do Alto. "Eu farei de ti um pai e uma mãe...", lhe dirá mais tarde uma voz dentro de si. E esta voz a acompanhará por toda a vida.

Cesira recorda que, já aos quatro anos de idade aproximadamente, percebia *presenças* que, porém, não via. Ouvia passos nas escadas, enquanto estava certa de estar em casa somente ela e a irmãzinha, Silvana, de quem cuidava, além de outros fenômenos que acreditava serem comuns também a outras pessoas e aos quais, por isso, não dava importância. Um dia, enquanto embalava Silvana, sentiu um forte golpe nas costas e por pouco não caiu da cadeira, junto com a pequena. Mas não se assustou. Talvez o Senhor lhe tirasse o medo para prepará-la a um futuro que já estava nos seus planos misteriosos.

Cesira crescia e uma tia que morava na cidade, em Bolonha, pediu ao pai que a menina fosse morar com ela. Mas o verdadeiro motivo era que uma amiga sua, muito rica, tinha necessidade de uma companhia durante a tarde, que normalmente passava no teatro ou no cinema. E isso também quando saía de férias, porque o marido com frequência estava ausente. A tia achou que essa poderia ser uma excelente oportunidade de trabalho para a jovem sobrinha. Augusto explicou a situação à filha e a jovem demonstrou-se disponível, para agradar o pai e a tia. Tinha, então, 13 anos.

A experiência com a rica senhora não incomodou Cesira; pelo contrário, ela ficou contente. Em companhia da senhora, ia ao cinema, ao teatro: entretenimento, espetáculos de dança clássica e muito mais. Também a dança clássica despertava sua simpatia. Mas a elegância, a vida "cintilante" daquele mundo, não a fascinavam, apesar de ser muito jovem.

Um domingo, durante a missa, depois da consagração, viu no altar não mais o sacerdote que celebrava, mas Jesus crucificado, vivo. Cesira sentiu-se atraída por ele e ficou convencida de que Jesus a chamava. Essa foi a primeira percepção de sua vocação de consagração total. Ainda que não lhe fosse claro como haveria de viver no futuro.

O Papa Francisco contou um episódio da sua juventude que é, em certo sentido, semelhante àquele de Cesira. Tinha cerca de 17 anos e aquele dia 21 de setembro, início da primavera na Argentina, era Dia do Estudante, quando não há aulas. Antes de ir encontrar os amigos, passou na sua paróquia. Ali viu um sacerdote, no qual percebeu uma profunda espiritualidade, e decidiu confessar-se com ele. "Aquela confissão", afirma Papa Bergoglio mais de meio século depois, "mudou a minha vida. Foi a surpresa, o espanto de um encontro; percebi que de fato estavam me esperando". E conclui: "A experiência religiosa é isso: o assombro de encontrar alguém que o está esperando. A partir daquele momento, para mim, Deus é aquele que se 'antecipa'. Você o está procurando, mas ele já estava procurando você. Quer ir ao encontro dele, mas ele o encontra antes".

Quem experimentou um chamado particular pode afirmar que, no fundo, foi assim mesmo: estava sendo esperado. Foi assim também para Cesira, embora ainda fosse menina. "Alguém" a estava esperando. Depois da experiência daquele domingo, Cesira começou a rezar mais.

UM ENCONTRO PROVIDENCIAL

Um dia, à casa daquela senhora, vieram duas jovens religiosas de uma recente congregação, as Filhas de São Paulo, as quais ofereceram livros religiosos e de formação e também a assinatura de uma nova revista que sairia no Natal de 1931: *Família Cristã*.

Cesira fez a assinatura. As Irmãs, antes de irem embora, perguntaram se ela gostaria de se tornar Irmã, e a convidaram a conhecer a comunidade delas na cidade. A partir daquele dia, a jovem começou a frequentar a comunidade das Filhas de São Paulo, também para conhecer mais a sua missão. Contudo, percebia que tinha necessidade de compreender melhor. Precisava de luz, antes de dar um passo tão importante como aquele, de uma escolha definitiva pela vida religiosa.

E começou a levantar-se durante a noite para rezar a via-sacra.

A escolha de Cesira de rezar a via-sacra toda noite, meditando a paixão e morte de Jesus, pode ajudar a compreender o grande impacto emocional que deve ter ocasionado, na sensibilidade da jovem, o fato de ter visto Jesus crucificado vivo... no lugar do sacerdote, durante a missa daquele domingo. E também podemos nos perguntar por que o Senhor mostrou-se crucificado e não de outro modo. Talvez porque quisesse no futuro associá-la à sua paixão dolorosa, como veremos.

Nesse ínterim, a jovem se decidiu pela vida religiosa na Congregação das Filhas de São Paulo. As Irmãs lhe agradavam. Eram mulheres consagradas a Deus, faziam o bem e difundiam o Evangelho, a Palavra de Deus para o povo. Isso era importante e queria tornar-se uma delas.

Essas Irmãs representavam também uma novidade para a situação da mulher na sociedade daquela época. O fundador da congregação, Padre Tiago Alberione, havia intuído que a mulher poderia ter uma missão importante na Igreja. O próprio apostolado do sacerdote tinha necessidade dessa atuação feminina. E, em 1915, escreve o livro *A mulher associada ao zelo sacerdotal*.[1] Foi um livro profético para aquele tempo. Lendo agora, a linguagem da época pode ter sido superada, mas as ideias não.

De fato, Alberione confiará tranquilamente a Irmãs muito jovens a gestão de livrarias, tipografias, missão nas paróquias, e até mesmo a redação e a impressão de um jornal diocesano. Tudo isso oferecia às jovens da época um reconhecimento de um "protagonismo" desconhecido por suas mães. Colaborar de modo ativo e criativo no apostolado, em contato com as pessoas, era algo absolutamente inédito para a mulher. E isso gerava entusiasmo.

---

[1] ALBERIONE, G. *La donna associata allo zelo sacerdotale*. Cinisello Balsamo: San Paolo, 2001.

Mas é preciso também observar que era um campo de pioneirismo, e o corajoso sacerdote piemontês sabia disso. Na Igreja daquele tempo, houve espanto e escândalo por causa das jovens Irmãs fora do convento. "Vocês são destinadas a causar muitos escândalos", disse o fundador às jovens Irmãs da congregação nascente, as Filhas de São Paulo. Naturalmente é o escândalo do Evangelho, o escândalo de Jesus que fala tranquilamente com a mulher samaritana no poço de Jacó, e não se importa quando os seus discípulos admiram-se de que fale com uma mulher (cf. Jo 4,27). Isso para a Igreja da época. Mas as coisas não eram melhores na sociedade laica.

Na Europa, os fermentos da libertação dos preconceitos, das exclusões ancestrais eram apagados ao nascer, enfatizando aqueles clichês da época romântica que garantiam o *status quo* da mulher, "submissa e anjo do lar", excluindo-a de toda contribuição do pensamento e da ação, tanto na Igreja como na sociedade. Não vamos nos deter aqui a examinar o problema, tratado em muitas outras publicações.

Portanto, as Filhas de São Paulo tiveram muito sucesso, como se costuma dizer, especialmente entre as jovens. De fato, elas afluíam numerosas à nova congregação religiosa. Havia depois o noviciado e todos os anos de formação, para avaliar a autenticidade da escolha por parte das jovens e também da congregação. O motivo que dá origem a qualquer vocação religiosa, ontem como hoje, é sempre uma escolha de doação total ao Senhor e para o bem dos irmãos, além das possíveis preferências institucionais. Contudo, aquele fermento de novidade apostólica que caracterizava as Irmãs Paulinas, como serão chamadas, atraía notavelmente a juventude feminina, ainda com poucas possibilidades na Igreja e na sociedade daquela época.

A Cesira não faltou oportunidade para escolher o caminho do matrimônio. A juventude é também a idade da beleza: é a primavera da vida com todo o seu fascínio. Por isso, a sua pessoa não passava despercebida. Havia um jovem interessado nela, e certo dia aproximou-se para propor-lhe um futuro juntos. Mas Cesira lhe revelou a sua escolha pela vida religiosa. Ele respondeu que, se abandonasse a ideia da vida religiosa, casaria com ela, mas se de fato entrasse para o convento, ele se tornaria padre.

Fantasia de adolescentes? Talvez. Mas, de fato, Cesira tornou-se religiosa e o jovem, sacerdote jesuíta. Os dois não se viram mais.

No dia primeiro de dezembro de 1930, Cesira entrou para as Filhas de São Paulo em Bolonha. Augusto, o pai, não estava de acordo, e foi à casa das Irmãs buscar a filha de volta. A família contava com a ajuda econômica da jovem e não queria privar-se dela. Mas foi tudo inútil; Cesira permaneceu firme, apesar da tristeza de ver seu pai zangado por sua causa.

De fato, dentro de si havia uma voz que lhe sussurrava: "Eu serei pai e mãe para ti. Não duvides, nem tenhas medo. Tu me pertences. Eu pensarei em ti e também neles". Começava a relação misteriosa entre a jovem e a voz de "Alguém" que a seguirá por toda a sua vida.

Augusto, porém, continuou a esperar por muitos anos o retorno da filha, inutilmente. E Cesira continuava a sofrer e a rezar por ele.

II

O EVANGELHO PELAS ESTRADAS

"DE PORTA EM PORTA"

O início da vida religiosa para Cesira aconteceu em Bolonha. A comunidade das Filhas de São Paulo[1] tinha começado havia poucos meses. Ali as Irmãs haviam aberto uma livraria e iniciado a difusão dos livros entre as famílias da cidade e nas redondezas. Uma missão inédita para a Igreja e para o povo: o Evangelho de casa em casa, Irmãs fora dos conventos que iam "de porta em porta" não para pedir, mas

---

[1] A *Congregação das Filhas de São Paulo* foi fundada pelo Bem-aventurado Tiago Alberione em 1915. No ano precedente, em 1914, Padre Alberione tinha fundado a *Sociedade São Paulo*, o ramo masculino. A estas duas congregações tinha confiado a propagação do Evangelho por meio da imprensa, do cinema e de todos os instrumentos técnicos da comunicação que o progresso oferecesse no futuro. A *Família Paulina*, além destas duas congregações, conta com outras: as *Discípulas do Divino Mestre*, para a adoração e o serviço litúrgico; as *Irmãs de Jesus Bom Pastor*, para a pastoral nas paróquias; as *Irmãs Apostolinas*, para todas as vocações: cinco congregações ao todo. E depois os institutos agregados: *Jesus Sacerdote*, para os sacerdotes diocesanos; *Instituto Santa Família*, para os casais; *Instituto Maria da Anunciação* (Anunciatinas), para as jovens leigas consagradas; *Instituto São Gabriel Arcanjo*, para os jovens leigos consagrados, e uma associação de leigos, *Cooperadores Paulinos*, que partilham o carisma paulino e oferecem a sua colaboração.

para oferecer a Palavra de Deus e livros que educam para os valores humanos e cristãos. Irmãs assim nunca tinham sido vistas antes. O espanto e a admiração cederam, depois, lugar para a benevolência e apreciação da nova missão, que estava difundindo-se em muitas cidades da Itália. De fato, em seguida, começaram a ser chamadas de "as carteiras de Deus".

Fulton Sheen, bispo que nos anos 1950 foi um dos primeiros a pregar Jesus Cristo em programas da televisão nos Estados Unidos, escreve em tom poético uma espécie de metáfora. Um dia, saiu de casa "para saciar-me de sol", disse. Mas viu um Homem que se debatia na dor da crucifixão. Parou e perguntou se poderia tirá-lo da cruz e libertá-lo. Mas o Homem crucificado respondeu:

"Deixe-me onde estou. Eu não desço da cruz até que todos os homens se unam para tirar-me daqui."

E o bispo:

"O que quer que eu faça por você?"

E o outro:

"Vá pelo mundo e diga a quem encontrar que existe um Homem crucificado."

Esse bispo percebia os vários problemas do homem moderno, e oferecia nos programas de televisão dos Estados Unidos uma resposta única como solução: Jesus Cristo. O Cristo crucificado e ressuscitado.

E sugeria:

– Jesus na paróquia,

– Jesus na cátedra universitária,

– Jesus na rádio e na televisão,

– Jesus pelas estradas do mundo...

Sim, porque somente Jesus é o Salvador do mundo, o Filho de Deus encarnado e crucificado, o Vivente!

E o fundador das Irmãs Paulinas, Padre Tiago Alberione, se perguntava: "Para onde vai esta humanidade, como caminha, em direção de que meta caminha esta humanidade que se renova sobre a face da terra?". O anseio apostólico do jovem padre o levou a "ultrapassar os muros", sair da tranquilidade dos claustros, para andar pelas ruas, pelas praças, onde houvesse gente... para anunciar aquela mensagem antiga e sempre nova do Evangelho de Cristo. Ele intuía que os tempos mudavam; os interesses das pessoas eram mais variados, e o progresso alienava de algum modo o espírito religioso dos pais. Era necessário propor um Cristo companheiro das pessoas, que caminhasse ao lado delas.

"As pessoas não vão mais à igreja?", perguntava a seus Padres e Irmãs. "É preciso ir ver aonde vão as pessoas... Vão ao cinema? Vão também vocês, com filmes que falem de Jesus Cristo, com filmes que falem de valores humanos, de dignidade."

E, gradualmente, essas Irmãs organizaram "Semanas do Evangelho" nas paróquias das cidades e regiões, sempre com a permissão do Bispo do lugar e em colaboração com o Pároco. Eram ocasiões de contato com as pessoas e possibilidade de fazer conhecer melhor a Palavra de Deus, através do livro, do filme e do diálogo.

O fundador dizia para "falar cristãmente de tudo". Já o Apóstolo Paulo, em quem a congregação se inspira, tinha dito, escrevendo aos cristãos de Filipos, na Ásia Menor, "ocupai-vos com tudo o que é verdadeiro, digno de respeito ou justo, puro, amável ou honroso, com tudo o que é virtude ou louvável" (Fl 4,8).

E as Irmãs imprimiram livros religiosos, mas também de preparação para a vida, para os casais, livros de psicologia, narrativas, livros infantis... E tudo para fazer conhecer os valores fundamentais da vida, oferecer uma resposta de esperança cristã a tantos "por quês" que afligem as pessoas de todas as épocas. Segundo o pensamento do fundador, as Livrarias Paulinas deveriam ser "púlpitos" dos quais, com simplicidade, se prega a Palavra de Deus através da proposta de livros, filmes, mas, sobretudo, com a oferta da própria vida consagrada.

Cesira ficou fascinada por esse particular anseio apostólico que se respirava na jovem congregação. Parecia-lhe ter encontrado o seu lugar entre aquelas Irmãs ainda jovens e inexperientes, mas com muita vontade de ir ao encontro das pessoas com esse novo apostolado.

Depois de pouco tempo passado em Bolonha, a jovem foi enviada para Alba, província de Cuneo, para a formação religiosa. Em Alba, residiu na Casa Mãe da congregação. Dali as Irmãs partiam para os diversos destinos missionários da Itália e do mundo. É um lugar de "pertença" muito querido de cada Filha de São Paulo.

Cesira logo se adaptou aos ritmos da vida religiosa. Mas, para levantar-se às quatro e meia da manhã... encontrou alguma dificuldade. De fato, adormecia facilmente na igreja durante a meditação e a missa da manhã. Às vezes, chegava a cair do banco, e era erguida pelas companheiras, também elas sonolentas. Tinha sono o tempo todo. Um dia, teve a ideia de ir dormir no depósito onde se guardava papel para imprimir os livros. Acomodou-se no monte mais alto das resmas, segura de que ninguém iria encontrá-la, ao menos por algum tempo. Assim, finalmente poderia dormir sem ser incomodada. De fato, procuraram-na inutilmente por toda a casa. No dia seguinte, foi descoberta por uma Irmã que precisou de papel para a tipografia. Cesira, ainda sonolenta, se lamentou: "Mas não me deixam dormir nem sequer um minuto!".

E tinha dormido vinte e quatro horas seguidas!

PRIMEIRAS EXPERIÊNCIAS APOSTÓLICAS

Terminado o ano de postulado em Alba, Cesira vestiu o hábito religioso e, no início de 1932, foi mandada para a Sicília, na comunidade de Palermo, para um ano de experiência missionária antes do noviciado canônico. Ali experimentou plenamente a vida das Filhas de São Paulo, enquanto se ocupava da difusão da boa imprensa em domicílio. As Irmãs saíam "em propaganda" (para *propagar* o Evangelho) sempre em duas. Desse modo, percorriam as belas cidades da antiga ilha de Trinacria, onde culturas do passado haviam deixado pegadas diversificadas. Mas as distâncias, às vezes, eram grandes e nem sempre as Irmãs conseguiam voltar para casa no final da tarde. Por isso, pediam acolhida, geralmente, junto a outras Irmãs, mas, quando não havia nenhuma por perto, solicitavam também junto às famílias. Era o costume apostólico, segundo o Evangelho. Também os Apóstolos eram itinerantes e pediam acolhida nas casas. Aliás, Jesus os exortava a comer aquilo que as pessoas podiam oferecer. "Quando entrardes numa cidade e fordes bem recebidos, comei do que vos servirem" (Lc 10,8). E ainda: "Em qualquer cidade ou povoado em que entrardes, procurai saber quem ali é digno e permanecei com ele até a vossa partida. Ao entrardes na casa, saudai-a: se a casa for digna, desça sobre ela a vossa paz; se ela não for digna, volte para vós a vossa paz" (Mt 10,11-13).

Um dia Cesira e outra Irmã foram à cidade de Marsala. Foram de porta em porta, oferecendo os seus livros, mas não encontraram abrigo para a noite. Era verão. À tardinha, sentaram-se debaixo de uma árvore e comeram pão e queijo que tinham trazido de casa. E adormeceram. Cesira viu no sonho uma senhora vestida de branco que lhe indicava uma rua da cidade e a casa onde encontrariam abrigo.

Levantou-se e, como já escurecia, acordou a outra Irmã e lhe contou o sonho.

Imediatamente, recolheram os pacotes de livros e as bolsas, e dirigiram-se ao lugar indicado pela senhora no sonho. Tocaram a campainha, a porta se abriu e uma mulher acolheu-as com grande alegria, dizendo: "Eis as Irmãzinhas que Nossa Senhora me mostrou".

As coisas aconteceram assim: a mulher estava doente de um mal incurável e rezava a Nossa Senhora que a curasse. Na tarde daquele dia, tinha febre alta e, de repente, adormeceu. No sonho, viu duas jovens Irmãs acompanhadas por Nossa Senhora, que lhe disse para levantar-se e preparar o jantar e uma cama para aquelas duas Irmãs que precisavam de abrigo. A senhora acordou e, admirada, sentiu-se curada. Depois, acrescentou que, enquanto Nossa Senhora falava, ela via as duas Irmãs que dormiam debaixo da árvore. Agora, já estava preparando o jantar para elas. A senhora ficou feliz em hospedar as Irmãs, durante todos os dias em que ficaram em Marsala para realizar a missão.

Episódios desse tipo aconteceram mais vezes, também a outras Irmãs da congregação, especialmente em situações críticas. Parecia que o Senhor queria confirmar e encorajar, com fatos extraordinários, a missão dessas Irmãs e o seu novo e fatigoso apostolado itinerante.

"O homem de cinza" – Houve um tempo em que muitas Irmãs Paulinas, quando se encontravam em situações difíceis, viam chegar sempre um homem distinto vestido de cinza, que se oferecia para ajudá-las. Por isso, nas comunidades paulinas, circulava a história do "homem de cinza", com muitos episódios que se contavam relacionados a ele.

Nos anos 1960, na Bolívia, foi aberta uma nova comunidade e, para começar o apostolado, foram enviados muitos livros. Para retirá-los, era preciso pagar as taxas aduaneiras, mas o valor era muito alto e as duas Irmãs missionárias[2] não tinham dinheiro. Por isso, não tendo possibilidade de pagar, pensaram em mandar os livros de volta. E foram à alfândega. Ali se aproximou um senhor, que perguntou por que estavam ali. Elas explicaram a situação. Ele disse: "Venham amanhã com duas caminhonetes e dois operários para carregar. Eu pensarei no que fazer". No dia seguinte, as Irmãs voltaram à alfândega com duas caminhonetes desconjuntadas e dois operários. Eles carregaram os livros, sem pagar nada na alfândega... e foram para casa. Descarregados os livros, as Irmãs pensaram logo em voltar para agradecer aquele senhor tão gentil que as tinha ajudado. Mas, na alfândega, ninguém conhecia aquele homem; ninguém jamais o tinha visto. Todas as buscas foram inúteis. O único detalhe que as Irmãs recordavam: estava vestido de cinza.

Irmã Ermínia era muito devota dos anjos, principalmente de São Miguel Arcanjo. Eram uma espécie de "colaboradores" seus. Contam-se diversos episódios a esse respeito. Aqui lembramos apenas um. Duas Irmãs deviam partir para uma viagem e estavam bastante preocupadas. Irmã Ermínia lhes assegurou que tinha rezado e enviado São Miguel Arcanjo para protegê-las.

Na estação, enquanto as duas Irmãs esperavam o trem, aproximou-se um jovem que se ofereceu para ajudá-las a levar as malas. No trem, ficaram no mesmo vagão. De repente,

---

[2] O episódio foi narrado pela Irmã Rosaria Aimo, que era uma das Irmãs.

uma delas disse que gostaria muito de parar no Santuário de Nossa Senhora do Loreto. O jovem respondeu que ia mesmo descer em Loreto e que podia acompanhá-las. A Irmã, admirada com todas aquelas coincidências, cochichou para a outra: "Esse rapaz caiu mesmo do céu". O jovem a observou sorrindo, como se tivesse escutado. Descendo em Loreto, dirigiram-se ao santuário. Antes de entrar, o rapaz, olhando para a igreja, disse: "Agora as confio a ti". Enquanto as duas Irmãs estavam rezando, viram-no ajoelhado, prostrado, com a fronte no chão, diante do altar. Mas, depois de alguns momentos, não estava mais. Ao voltar para casa, contaram o episódio para a Irmã Ermínia. Ela sorriu e disse apenas: "Eu lhes tinha dito".

Depois da experiência de quatro anos em Palermo, Cesira foi chamada a Roma para o noviciado, que durava um ano. Ao terminar o noviciado, emitiu a primeira profissão religiosa temporária. Era o dia 20 de janeiro de 1938. E, com a profissão, recebeu o nome de Irmã Ermínia. O seu novo destino foi a comunidade de Pescara, com a missão de propagar o Evangelho.

Em 1939, o pai de Irmã Ermínia, que sempre sonhara com o retorno de sua filha para casa, foi internado com urgência no hospital Santa Úrsula de Bolonha. Acometido por uma meningite cerebral, ficou paralisado e não havia mais esperanças. A filha, da comunidade de Pescara onde se encontrava, acorreu logo, mas constatou com angústia que o pai a fixava sem poder reconhecê-la. O dia seguinte era 8 de dezembro, festa da Imaculada. Irmã Ermínia foi à missa de manhã cedo, e tinha muita confiança de que Nossa Senhora poderia intervir. Depois da comunhão, viu a imagem de Nossa Senhora, sobre o altar maior fazer-lhe um aceno afirmativo com a cabeça, como que para tranquilizá-la. De fato, ao voltar para o hospital, encontrou o seu pai muito melhor, até conseguia falar. E perguntou para a filha quem era aquela senhora vestida de branco que agora lhe estava dizendo para levantar-se. O pai Augusto realmente levantou-se e começou a caminhar como se não estivesse doente.

Morreu trinta e sete anos depois, com a idade de 87 anos.[3]

Sem dúvida, essa Irmã era "acariciada" pelo Alto de modo particular. A sua vida será tecida por um intenso vínculo relacional com o Senhor Jesus e com o mundo invisível para nós. Ainda que tal situação lhe tenha custado um preço muito alto e sofrimentos continuados, até o fim da vida. Porém, é preciso advertir que o Senhor já lhe havia dito que os dons particulares, com os quais seria adornada, eram para os outros. E ela os usou sempre nesse sentido, com grande humildade. "Acreditam que seja eu, mas é o Senhor!", dizia brincando diante de qualquer coisa inédita.

De Pescara, Irmã Ermínia passou depois para Avellino. Entretanto, já tinha completado cinco anos de profissão temporária e precisava preparar-se para a profissão perpétua. Geralmente se faz outro ano de noviciado como preparação, mas, naquele tempo, havia a guerra e era problemático chegar a Roma, sede do noviciado. Assim, Irmã Ermínia fez sua profissão perpétua em Avellino. Estavam presentes as Irmãs da comunidade, mas não as suas companheiras de noviciado. Paciência. Mas foi uma festa assim mesmo: agora seria consagrada ao Senhor por toda a vida!

Era o dia 20 de janeiro de 1944.

---

[3] Cf. ZANNONI, G. *Testimone della misericordia Del Padre. Suor Erminia Brunetti*. Paoline: Milano, 2012, pp. 27-19.

A Itália e a Europa continuavam a sentir as feridas da Segunda Guerra Mundial que ainda não tinha terminado, mesmo já havendo uma trégua por parte da Itália desde o dia 8 de setembro de 1943. Mas existiam represálias aqui e ali. Morria-se ainda. Essa guerra tinha semeado muitos horrores: dos campos de extermínio nazistas às cidades destruídas, às violências mais atrozes, aos milhares de mortos e mutilados... Triste herança daquele ódio que tinha obscurecido o horizonte da primeira metade do século XX, envolvendo nações inteiras naquela guerra que se chamou "mundial" pela sua trágica extensão.

Irmã Ermínia tinha também o dom de ver a distância. Certa manhã, no verão de 1947, convidou as Irmãs a rezarem pela alma do Cardeal Salotti que ela dizia ter morrido há pouco. À tarde, a rádio realmente daria a notícia da morte do Cardeal (naquele tempo o rádio não transmitia notícias durante o dia). Em outra ocasião, logo cedo de manhã, disse às Irmãs que o porteiro da residência tinha morrido e que deveriam rezar pela sua alma. Naturalmente, ninguém ainda sabia daquela morte.

Mas isso aconteceu várias vezes; contam-se muitos episódios relacionados com os dons particulares que essa Irmã possuía. E porque tinha nascido de sete meses e não de nove, como todas as crianças, algumas Irmãs atribuíam a particular sensibilidade de Irmã Ermínia a esse nascimento prematuro. Obviamente não era por isso.

III

UMA MUDANÇA PARTICULAR

O ano de1956 marcou uma mudança particular na vida de Irmã Ermínia. Ela fazia parte da comunidade de Mantova e trabalhava na livraria. No dia 20 de agosto encontrava-se em Alba para os exercícios espirituais anuais, e ouviu a voz que lhe disse:

> "Fui eu que te chamei a este curso de exercícios. Eu devo instruir a minha *rolinha*. Vê como eu tenho cuidado de ti? Abandona-te, portanto, ao meu beneplácito, como um recém-nascido nos braços da mãe. Quero que penses somente em mim. E o direi também a quem te guia: 'Não pense nela, mas no Senhor. Ele faz tudo bem'. Quero guiar-te e formar-te para a missão que te confiei. Não tenhas medo."

Durante a viagem sentia visivelmente Deus dentro e fora de mim, como se realmente fosse a presença de uma pessoa, com a diferença de que a pessoa sente-se apenas no exterior, enquanto ele se fazia sentir internamente, envolvendo-me toda. Esta sua presença me fazia regozijar e me dava a segurança absoluta de que era ele, Deus.

Ao chegar em Alba, entramos na igreja do Divino Mestre para a santa comunhão, e então ouvi essa voz interna: "Fiz que viesses a este lugar para falar-te, ensinar-te e cumular-te de graças nesta igreja a mim dedicada,

Divino Mestre. Sou o teu e vosso Mestre, Deus uno e trino. Não venho a ti somente na pessoa do Filho, mas também naquela do Pai e do Espírito Santo, vosso Divino Mestre. Deus Pai e Mestre, Deus Filho e Mestre, Deus Espírito Santo e Mestre. Um só Deus, em três pessoas, único Divino Mestre".[1]

É de notar o pronome no plural que o Senhor usou. Outras vezes a voz interior explicará claramente que aquilo que diz a ela é para todos.

Irmã Ermínia estava habituada a ouvir essa voz no seu íntimo. Veremos a seguir a missão que lhe será confiada. Notemos, por enquanto, o carinho com que é tratada pelo Senhor, a ponto de ser chamada "minha rolinha". A pomba-rola, este pássaro tímido e gentil, é considerada o símbolo da fidelidade nupcial. Com efeito, um casal de pombas-rolas, diferentemente de outras espécies animais, é estável e jamais se separa. Salomão, no Cântico dos Cânticos, indica o canto desse pássaro como sinal do retorno da primavera (cf. Ct 2,12). Aqui parece o desvelo carinhoso de uma mãe ou de um enamorado (outras vezes será chamada "minha doce pombinha", "meu coelhinho assustado").

Para além de qualquer perplexidade, é necessário recordar que o amor de Deus pelo ser humano é um amor grande, forte, porque "Deus é amor", como disse o Apóstolo João (1Jo 4,8). Já no Antigo Testamento, Deus demonstra um amor delicado e tenaz pelo ser humano, como aquele de uma mãe pela sua criatura:

---

[1] *Quaderno*, Archivio storico FSP – Casa Generalícia, Roma.

> Quando Israel era criança eu o amava...
> Sim, fui eu quem ensinou Efraim a andar, segurando-o pela mão...
> Eu fazia com eles como quem pega uma criança ao colo e a traz até junto ao rosto. Para dar-lhes de comer eu me abaixava até eles (cf. Os 11,1-4).
> Acaso uma mulher esquece o seu neném, ou o amor ao filho de suas entranhas? Mesmo que alguma se esqueça, eu de ti jamais me esquecerei (Is 49,15).

E o tema nupcial está presente em muitos livros da Bíblia, um amor grande, indiviso, que Deus revela ao seu povo Israel; e este amor a Igreja o percebe voltado a si mesma e a cada pessoa em particular:

> Pois, agora, eu é que vou seduzi-la, levando-a para o deserto e falando-lhe ao coração.
> Eu me casarei contigo para sempre, casamos conforme a justiça e o direito, com amor e carinho.
> Caso-me contigo com toda a fidelidade (cf. Os 2,16.21-22).
> Guarda-me como o sinete sobre teu coração, como o sinete, sobre teu braço! Porque o amor é forte como a morte e é cruel, como o Abismo (Ct 8,6).
> O Espírito e a Esposa dizem: "Vem"! Aquele que ouve também diga: "Vem"! Quem tem sede, venha, e quem quiser, receba de graça a água vivificante (Ap 22,17).

Mas nós não prestamos atenção a esse grande e louco amor de Deus por cada um de nós, exceto quando ele o revela aos místicos, e então nos maravilhamos. A loucura desse amor, afinal, é visível na morte de cruz do Filho de Deus por nós: "Ninguém tem maior amor do que quem dá a vida por seus amigos", tinha dito Jesus aos discípulos. E ele fez essa loucura por nós.

Mais tarde, Irmã Ermínia habitou também na comunidade de Ravena, por cerca de dezoito anos, inicialmente ocupando-se da livraria, depois como superiora da comunidade. Em 1978, foi enviada para a comunidade de Rimini, localizada na Rua do Anfiteatro 13, com o mandato de superiora. Terminado o mandato de três anos, ocupou-se da livraria.

Na cidade de Rimini, os jornais começaram a noticiar sobre as pessoas que recorriam a Irmã Ermínia e as curas, as graças extraordinárias obtidas por ela. Um jornal noticiou inclusive o testemunho de pessoas curadas por um toque e pela oração da Irmã, e episódios de libertação de possessões. Isso, naturalmente, fez alarido. Estamos no ano de 1988.

No dia 23 de janeiro de 1989, uma Irmã de outra comunidade, depois de ler os jornais, sente o dever de enviar à superiora-geral seu testemunho a favor de Irmã Ermínia. E conta-lhe um particular interessante. Alguns anos antes, ela havia estado na comunidade de Rimini a procura de uma casa para a comunidade, porque aquela em que habitavam era muito pequena. Mas, cada vez que encontravam uma e avisavam a superiora-geral (a cofundadora Irmã Tecla Merlo), a resposta era sempre negativa: "Não. Não é ainda a casa do Senhor", respondia a superiora.

Essa situação durou cerca de dois anos, contou a Irmã. Em comunidade faziam-se contínuas novenas para encontrar a casa. Finalmente, encontraram e informaram a superiora-geral da possibilidade de comprá-la. Ela responde: "Sim, comprem logo! Essa é a casa que o Senhor quer". E mandou logo uma Irmã de Roma para assinar o contrato e comprá-la.

A Irmã que escreve explica, pois, para a superiora-geral (substituta da outra já falecida), que narra esse episódio para dizer: o Senhor certamente tem desígnios sobre aquela casa e quem a habita. Ora, se Irmã Ermínia obtém tantas graças e curas às pessoas... talvez o Senhor quisesse isso. E exorta a superiora-geral a "não escutar as vozes vazias e destituídas de bom senso". "Irmã Ermínia Brunetti", conclui a carta, "é chamada à santidade heroica. Ajude-a com afeto e compreensão! E o Pai dos Céus lhe dê muita alegria e vocações por isso".[2]

É significativo, mas também comovente, que uma Irmã tenha se sentido no dever de mobilizar-se e explicar à sua maneira – com o intuito de favorecer uma Irmã certamente em dificuldade diante das superioras por causa de tais eventos – um episódio distante que, talvez, poderia esclarecer os novos acontecimentos. É certamente a fé de quem tem um coração sem preconceitos e procura entrever a verdade dos fatos, ainda que inexplicáveis, como os que aconteciam em Rimini por meio dessa Irmã.

A missão das Filhas de São Paulo na Igreja, como já visto, é de evangelizar através dos meios de comunicação que a técnica e o progresso oferecem à sociedade. Ora, Irmã Ermínia trabalhava na livraria, onde afluía muita gente. Sucedia, porém, que muitos a procuravam para poder conversar, confiar um sofrimento, um problema, um medo. E eram pessoas diversificadas: mulheres, homens, até sacerdotes, seminaristas. Mas ela não fazia nada para atrair tanta atenção.

Naturalmente, dedicar tempo a escutar e conversar com as pessoas tornava-se um "problema" para o andamento normal de uma livraria, onde aqueles que vão comprar um livro

---

[2] *Epistolario*, Archivio storico FSP.

devem ser atendidos, especialmente em certos horários de pico, quando a afluência é maior e é necessário que as Irmãs estejam disponíveis para atender quem pede um livro, uma opinião sobre um autor etc. Por isso não se podia entreter em longas conversações.

As pessoas que procuravam Irmã Ermínia tinham problemas, dificuldades e sentiam necessidade de falar. Então, começaram a verificar-se coisas racionalmente inexplicáveis, libertações de possessões diabólicas, conversões por intermédio de orações e bênçãos de Irmã Ermínia. E eram muitas as pessoas que a procuravam. Evidentemente, tudo isso começou a preocupar as Irmãs da comunidade, mas, sobretudo, as autoridades religiosas.

Esses fatos, porém, aconteciam já havia muitos anos, ainda que em menor grau em relação ao presente. De fato, conta-se que nos anos 1950-1953, quando Irmã Ermínia encontrava-se na livraria de Albano (Roma), ocorreram muitas conversões por sua presença e oração.

Agora, em Rimini, o número de pessoas que a procuravam não diminuiu, aliás cresceu. E assim, a comunidade, por ordem da superiora-geral, solicitada pelo Bispo de Rimini, decidiu adaptar o piso térreo da casa para acolher as pessoas que procuravam Irmã Ermínia. Essa solução favorecia a afluência das pessoas e não criava problemas à comunidade.

UMA MISSÃO PARTICULAR

É preciso considerar que, dentro da vocação paulina, Irmã Ermínia recebeu uma missão particular, como já foi dito, que certamente era extraordinária, e que para as Irmãs parecia não fazer parte dos "princípios" oficiais do carisma paulino.

No entanto, essa Irmã evangeliza igualmente; os encontros com as pessoas aconteciam assim: numa sala que serve de sala de espera, ela chega, saúda e inicia uma oração. Com frequência, é o *Pai-Nosso* que todos conhecem. Depois, lê um trecho do Evangelho, ou outro texto da Sagrada Escritura; segue um breve comentário seu à Palavra de Deus, uma espécie de catequese. E aconselha depois a ler o Evangelho ou a Bíblia em casa. Sobre uma mesinha estão expostos Evangelhos e Bíblias; quem não os tem pode se abastecer. Depois da oração, acolhe individualmente as pessoas, primeiro as crianças, depois os outros. E quem espera recita o rosário. Conversinhas são proibidas.

Certa vez um casal levou uma criança doente, quase paralisada, que nem sequer falava. Ela logo percebeu que, na realidade, não estava doente, e, sim, que se tratava de um caso de possessão diabólica, então rezou sobre a criança, lutando contra o maligno que tinha se escondido naquele corpo e não queria deixá-lo. No final da oração, a criança voltou a caminhar e a falar. Isso diante da admiração de todos os presentes. Quando aconteciam coisas desse tipo, as pessoas se emocionavam e, maravilhadas, agradeciam o Senhor. Naturalmente a estima e a confiança por essa Irmã aumentavam sempre mais.

Irmã Ermínia tinha o dom de libertar da possessão as pessoas que eram perturbadas na sua saúde física ou psíquica por almas evocadas; outras vezes tratavam-se de possessões diabólicas. Essa Irmã tinha a graça de discernir as interferências do maligno. E, então, reagia com firmeza em virtude da fé que lhe consentia sair vitoriosa.

Em relação a estas últimas, explicava com simplicidade que procedia com a força que percebia dentro de si e que lhe vinha de Deus Pai. E ela agia com confiança, porque o Senhor lhe assegurava exortando-a a não ter medo, pois ele estava sempre presente. Algumas de suas Irmãs contam que, às vezes, à noite, a escutavam dizer em voz alta. "Sai daqui! Sai daqui!". Provavelmente era perturbada pelo maligno.

"Muitas vezes", recorda o Padre Venâncio Floriano,[3] "convidou-me a ir à capela para tornar completa, com o sacramento da Reconciliação, a terapia de cura das pessoas. Podia ajudar com curas físicas e espirituais estupendas e comoventes. Evidentemente, pagava pelas curas e conversões, porque o demônio rebelava-se (contra ela), também porque ela convidava as pessoas, energicamente, a fazer jus à cura obtida mantendo a fé elevada com a oração cotidiana".

Assim conta um senhor[4] que, por acaso, se encontrou e conheceu Irmã Ermínia. Era o dia 26 de dezembro de 1991. Quando foi a sua presença, ela lhe disse: "Demorou muito para vir!". Mas o homem não a conhecia, na verdade, nem tinha jamais pensado em ir conhecê-la. Durante a conversa, disse a ela que seu filho, casado há dois anos, desejava ter um bebê e não conseguia. Então ela lhe assegurou dizendo: "Você será vovô. A criança nascerá no dia 18 de novembro do ano que vem". O homem foi para casa e escreveu o que ela disse numa folha de papel, colocou num envelope e fechou. No dia 18 de novembro do ano seguinte, de fato, nasceu sua netinha. Então, o homem abriu o envelope com a profecia e mostrou para os familiares. Hoje, essa menina estuda medicina na universidade e tem o objetivo de ajudar,

---

[3] Sacerdote paulino e amigo de Irmã Ermínia.

[4] Fato contado pela pessoa que o viveu. Hoje este homem é um grande devoto de Irmã Ermínia.

como médica, especialmente as crianças doentes, e é muito ligada a Irmã Ermínia.

Mas este não foi o único caso em que os genitores, sem possibilidade de ter um filho, recorreram à oração dessa Irmã. Depois, voltavam a ela com a criança tão desejada.

"Este ano o Senhor me deu cento e trinta crianças", disse um dia Irmã Ermínia a outra Irmã. E sorria feliz. Eram as crianças imploradas com a oração, acolhidas com a oração.

Na verdade, entre as muitas pessoas que recorriam a ela, havia diversas gestantes com problemas para levar até o fim a gravidez, ou que tinham um diagnóstico alarmante sobre a malformação do bebê e eram aconselhadas a abortar. Ela exortava a rezar e ter confiança em Deus por aquela criança que ele estava doando. Aos casais que não podiam ter filhos, aconselhava a oração e a confiança na graça do Senhor. E ela também rezava. Muitos voltavam depois com sua criança nos braços.

Contam-se diversos fatos pelos quais se atribui a graça recebida em favor de crianças pela intercessão de Irmã Ermínia. Uma jovem mãe se encontrava no sexto mês de gravidez, mas os médicos estavam preocupados pelo fato de que a criança tinha parado de crescer e não conseguiam compreender o motivo. Foi aconselhado antecipar o nascimento, apesar de a criança ser prematura, mas com a perspectiva de que poderia também não conseguir sobreviver. A mulher, muito aflita, explicou a situação para a cunhada, religiosa. Esta lhe sugeriu rezar para Irmã Ermínia e ter confiança. Mas a menina não crescia, e os médicos aconselhavam sempre que ela fizesse uma cesariana. Contudo, a fé e a oração tiveram a supremacia. A menina nasceu depois dos normais nove meses de gestação. Somente então os médicos constataram que o cordão umbilical, filamentoso, não transportava nutrientes suficientes para a criança. Mas, apesar disso, a menina nasceu perfeita. Os genitores e a tia estavam convictos da intercessão de Irmã Ermínia.

Irmã Ermínia tinha, para todos, uma palavra de conforto e esperança que ajudava a ver as coisas com olhos novos, com uma fé mais profunda e o abandono à vontade de Deus. E isso acontecia especialmente quando um casal devia acolher o nascimento de uma criança com algum problema. Certamente, a dificuldade em aceitar serenamente uma deficiência do próprio filho era enorme. Mas essa Irmã exortava os genitores a ter fé em Deus, que não deixaria faltar a sua ajuda, não os deixaria sozinhos.

Existe um álbum com fotos de duzentas crianças, desejadas ou aceitas pelos genitores através das orações de Irmã Ermínia. Estes, agradecidos, lhe deixavam depois a foto da criança, que a Irmã conservava com amor.

Irmã Ermínia, apesar das graças que conseguia obter do Senhor, não podia resolver tudo. Às vezes, aconselhava o interessado a procurar um médico. E, contudo, o seu olhar era, de qualquer maneira, indicativo de uma solução. Sobretudo, convidava a abandonar-se à vontade de Deus, mesmo tentando todas as soluções possíveis. E recomendava sempre a oração, a fé em Deus que jamais abandona alguém.

Uma Irmã recorda que certa vez, nas redondezas da cidade de Novara, estava com outra Irmã para difundir o Evangelho e a boa imprensa nas famílias. Num vilarejo encontraram um homem ainda jovem que não enxergava. Disse ele que conhecia uma Irmã Paulina de nome Ermínia. E contou que lhe era muito agradecido: graças a ela, tinha encontrado a fé. Não havia se curado, mas tinha adquirido uma grande paz interior que lhe vinha do seu relacionamento com Deus na oração. E agora vivia com serenidade a sua particular situação. Por tudo isso, era muito grato a Irmã Ermínia.

Outro aspecto do apostolado dessa Irmã era o dos casais em dificuldade. Às vezes, estavam na iminência da separação. E ela, com a oração e a escuta, conseguia, por vezes, restabelecer incompreensões e apaziguar os ânimos. Mas qualquer pessoa que estivesse em dificuldade e recorresse a ela recebia maior confiança, aumento de fé, que ela conseguia transmitir em sua humildade e compreensão das angústias humanas. Pode-se dizer que não existia necessidade pela qual a oração de Irmã Ermínia não obtivesse do Senhor a graça desejada.

Nos últimos anos Irmã Ermínia recebia setenta, oitenta, até cem pessoas por dia, entre a manhã e a tarde, desde que lhe fora permitido dedicar-se plenamente a esse apostolado da oração, da escuta, das curas. E foi necessária uma secretária para ajudá-la com a correspondência que chegava diariamente. Além disso, vinham também ofertas em dinheiro, que ela pontualmente entregava à superiora. E anotava num caderno (conservado no arquivo) todas as ofertas recebidas e as intenções das pessoas a quem rezar, especialmente intenções de missas a celebrar ou ofertas para as missões.

No arquivo existe uma agenda de formato grande, que revela o intenso trabalho dessa irmã. A agenda está cheia de pedidos de oração e de ajuda para variados problemas, da parte de homens e mulheres que não podiam vir encontrá-la pessoalmente. O problema era anotado em duas ou três linhas (talvez escrito pela pessoa que recebia o telefonema) e, mais abaixo, a resposta telegráfica de Irmã Ermínia com a sua caligrafia. Como quando, lido o problema que a pessoa apresentava, escreveu: "Dizer-lhe para consultar um neurologista".

Evidentemente, por causa do volume considerável de pedidos, tinha inventado essa forma rápida de dar a todos uma resposta. E, apesar de ter a ajuda de uma secretária, respondia pessoalmente a cada pedido, ainda que de modo bem conciso.

SUSPEITAS E VERIFICAÇÕES

Irmã Ermínia é uma filha da Igreja e, como tal, obedecia ao que a Igreja dispunha para ela, através das autoridades constituídas. E não se admirava de ser objeto de observação, talvez de suspeitas por parte delas. De fato, quando um sacerdote, Padre Walter Pasolini, a informou de ser encarregado pelo Bispo da diocese de Rimini, Dom Mariano De Nicoló, de vigiá-la para saber como agia nesse seu apostolado, ela apenas respondeu: "Sim, eu sei". E não acrescenta nada mais.

E não se admirava nem mesmo de suas superioras não acreditarem nela. Era consciente de ser depositária de coisas fora do normal, difíceis de acreditar sem primeiro conhecer a verdade, da verdadeira proveniência delas. Mas certamente o problema passava para segundo plano, diante da sua íntima experiência sobrenatural, em particular aquele *feeling* que se criou com o Senhor, a quem ela com frequência chama de Pai com a confiança de filha. E depois existia aquele "não tenhas medo, eu estou contigo...", aquela força, aquele poder, aquela voz que ela ouve dentro de si, que a tranquilizava no caminho. E o explicava com tanta naturalidade para o Sacerdote encarregado pelo Bispo, que certamente deve ter escutado com desconfiança, mas também com assombro, aquilo que

Irmã Ermínia lhe tinha contado como a coisa mais natural do mundo.

De fato, surpreende a espontaneidade, a simplicidade, a obviedade dos místicos diante daquilo que para nós é extraordinário, inacreditável. Irmã Ermínia vivia "conectada" (sem internet!) com o mundo de lá e, aquela *outra dimensão* que nós conheceremos somente depois desta vida, ela já experimentava há muito tempo, estava habituada. Para ela, era uma atitude de vida. Mas, por conta dos fenômenos místicos que experimentava, terá grandes problemas, e viverá um calvário contínuo por toda a vida. Não é fácil suportar com serenidade ser incompreendida, objeto de suspeitas: será histérica? Por isso, visitas psiquiátricas e tudo o mais... Mas a tudo ela se submetia com obediência aos superiores e com grande serenidade. Algumas vezes duvidava: "Estarei enganada?". E era fácil também ficar em dúvida, pela desconfiança que a circundava. Então, providencialmente intervinha o Senhor para assegurar-lhe que tudo vinha dele.

> Não tenhas medo, sou eu. Sou eu que te escolhi; sou eu que te quero. Eu estou contigo. Em ti, neles. Em ti, nos superiores. Em ti, na Igreja. Em ti, nos pecadores. Em ti, nas almas do purgatório. Não voltes atrás, não escutes o que dizem de ti, mas vai adiante. Encontrarás ajuda, mandarei alguém que te dirá o que deves fazer.
> Confiança em mim significa: ter o coração desapegado de tudo, do ofício, das pessoas, das coisas e, sobretudo, de ti mesma, e confiar em mim. Se me deixares o campo livre e fizeres o que te digo, abandonando-te inteiramente a mim, farei de ti uma obra-prima da minha graça. Reflete: se eu quisesse de ti a renúncia com-

pleta, que trocasses de ofício e fizesses com que todos se esquecessem de ti, deixando-te sozinha e abandonada, estarias disposta a aceitar? Sei que trabalhaste com muita boa vontade e eu te abençoei e abençoarei sempre o teu apostolado, mas ver outra que toma o teu lugar?... Os teus clientes, os sacerdotes, as almas que estás preparando e que tens a intenção de atrair a mim, todo o programa para um melhor incremento do apostolado que fizeste a ti mesma, deves esquecer tudo, *sepultus est* sem satisfação, com um trabalho superior às tuas forças.

Fiat, Jesus, para que te dê glória e me santifique, depois virei a ti para sempre.

Compreendes que não é a ação ou o ofício elevado que vale? É o amor! A salvação das almas se cumpre não apenas convidando e exortando ao bem, isso é mínimo no apostolado. É no sacrifício total da tua vontade, dos teus afetos também bons, no deixar-te plasmar, sacrificando os afetos internos e externos ao meu amor até a imolação, a anulação total de ti. Eu te quero toda para mim. Toda, compreendes? De ti não quero somente a fadiga, a intenção e o amor, mas a aplicação de todas as tuas faculdades mentais para o apostolado e a ação direta pela salvação das almas. Sê contente do teu lugar, sou eu que te coloquei na livraria, e é minha vontade que tu cumpras este apostolado. Porém, recorda-te que é também minha vontade que a Mestra não te compreenda neste apostolado, e não te dê jamais encorajamento. Da minha parte te abençoarei sempre e te darei muitas consolações.[5]

---

[5] *Quaderno*, Archivio storico FSP.

É relevante esta doação total, indivisa, que o Senhor exige de Irmã Ermínia: "Eu te quero toda para mim. Toda, compreendes?". E aqui vem à mente algo semelhante que escutou Gabrielle Bossis,[6] atriz e mística francesa falecida em 1950. A atriz se extasiava um pouco com seus sucessos artísticos e pensava nos maiores resultados que poderia obter se fosse atuar no cinema, visto que no teatro já recebia muitos aplausos. E a voz interior lhe disse: "Eu te reservei para mim".

Realmente este Deus é "um Deus ciumento", como diz a Bíblia (Dt 5,9). É um Deus de amor, mas de um amor totalizante, exigente.

Um dia, na igreja, Irmã Ermínia sentiu-se de novo convidada a tornar-se esposa do Senhor. Mas respondeu prontamente que já era sua esposa desde o tempo de Albano. Então, não se falava mais nisso. E a voz: "Agora desposarás o Espírito Santo de Deus! Dou-te dez dias de tempo". Ao décimo dia, ouviu a voz: "Agora é a hora. Eu quero casar contigo. Para ver que não és tu que estás pensando estas coisas, te darei um envelope e três orquídeas do Japão, que são as mais belas".

E, naquele dia, às cinco horas da tarde, uma pessoa lhe entregou três orquídeas e um envelope: continha uma imagem do casamento entre a alma e o Espírito Santo. Irmã Ermínia ficou estarrecida.

Ao ler estas coisas, e outras ainda nas centenas de páginas das suas cadernetas, dá-se plenamente razão a quem diz que essas revelações parecem fábulas... tão incomuns elas são, aliás, inimagináveis! No entanto, essa Irmã viverá em

---

[6] BAROCCHI, L. *Lui e Gabrielle Bossis*. Cinisello Balsamo: San Paolo, 2014.

companhia dessas revelações ditadas por aquela voz interior que não admite dúvidas; não só, mas também com todo o cortejo de incredulidade, suspeitas, humilhações e sofrimentos que chegam de fora, com o acréscimo das crueldades do maligno, sempre furioso contra ela até o fim.

É de 24 de fevereiro de 1990 o relatório, ao qual nos referimos, de Padre Walter Pasolini, encarregado pelo Bispo de Rimini, sobre as atividades apostólicas de Irmã Ermínia. Trata-se de um longo suceder-se de perguntas e respostas das quais tomamos um trecho.

Padre Walter:

"Pode me contar um pouco de seu trabalho?".

Irmã Ermínia:

"A minha jornada está dividida assim:

Das 8h30 às 9h30 recebo as crianças pequenas com suas mães, rezo junto com elas algumas orações, as abençoo, particularmente suas mães, em especial aquelas que estão grávidas.

Das 9h30 às 10h30 reunião em comum com pessoas, sadias e doentes, que vêm a mim por causa de problemas pessoais e familiares. Rezamos juntos, depois leio um trecho do Evangelho, do qual faço um breve comentário. Depois recebo um por vez. O colóquio individual começa assim; pergunto: quais problemas você tem? Como você se sente? Procuro compreender, rezo, faço a pessoa rezar também, especialmente o *Pai-Nosso*, dou algum folheto da boa imprensa ou o Evangelho (existe perto de mim uma mesinha com esses textos). Depois, indico o remédio: com frequência suco de limão, água quente, mel, e muitas orações para rezar em casa. Alguns têm um mal horrível (câncer), digo-lhes onde eles têm este mal; outros estão sob a 'possessão' do demônio:

percebo isso claramente, o Senhor me faz compreender. Alguns 'possessos' gritam, mas digo ao demônio: 'Vá embora', e o digo com a força do Pai nosso: sinto esse poder como uma grande força dentro de mim que me diz: 'Não tenhas medo, eu estou contigo...'. Isso até às 12h30.

Recomeço depois a receber as pessoas das 15h30 até as 19h30 aproximadamente.

Falei, há pouco, sobre as pessoas doentes que vêm a mim e também sobre as pessoas 'possessas'; além delas, encontro também pessoas que perderam a fé, ou que passam por dificuldades familiares, esposos que estão para separar-se, mães que pensam em abortar, jovens que se drogam. Ouço suas histórias, falo com elas, rezo e peço também para rezarem: existem belos retornos a Deus. Há poucos dias mesmo, veio um médico acompanhado da sua mulher, o qual estava longe de Deus: chorou e rezou comigo; deve voltar, ao menos prometeu."

O relatório do Padre Pasolini ao Bispo é positivo. Entre outros fatos, indica que "encontram-se com Irmã Ermínia sessenta a setenta pessoas por dia: da diocese de Rimini, da redondeza, de Ravena, onde a Irmã residiu vários anos, antes de ser mandada a Rimini, e também de muito longe. São pessoas psicologicamente frágeis, doentes, com medo", disse o Sacerdote. Mas também pessoas à procura de sentido para a vida, de uma fé que jamais tiveram ou que não têm mais e querem recuperar.

Entre as tantas amarguras que Irmã Ermínia teve de experimentar – mas neste caso sofreu também a comunidade –, houve um boato disseminado entre Sacerdotes e leigos da região. Segundo eles, o Instituto permitia essas coisas "para ganhar dinheiro". Naturalmente, nada disso correspondia à verdade. Irmã Ermínia não pedia nada, o seu serviço era gratuito e, quando se faziam ofertas para intenções de santas missas ou para as missões paulinas do exterior, ela entregava tudo à superiora da comunidade, e cada oferta era respeitada conscientemente, segundo as intenções de quem oferecia. No arquivo, como já foi mencionado, existe um caderno com o registro das ofertas recebidas.

A mesquinhez de mente, os preconceitos, os horizontes limitados do coração... podem levar também a dúvidas desse tipo. Fragilidades humanas.

Dizíamos que, diante das atividades apostólicas de Irmã Ermínia, alguns questionamentos vinham das próprias Irmãs, e vêm ainda hoje. Um apostolado assim, específico, não está fora do carisma paulino oficial? De fato, ao que parece, não tem nada a ver com o carisma paulino da evangelização com os instrumentos da comunicação. Mas o fundador, o Bem-aventurado Tiago Alberione, tinha escrito alguns anos antes que "as admiráveis riquezas concedidas por Deus à Família Paulina, ainda podem revelar-se nos séculos futuros, mediante os novos anjos da terra, os religiosos". Ele escreveu isso em 1953.[7]

E "as admiráveis riquezas" talvez sejam também esses carismas diversificados que surgiram na Família Paulina. De fato, além da Irmã Ermínia Brunetti, que exerce o ministério de curas e outros, existiu também um Irmão Paulino que exerce o ministério de exorcista: o Padre Gabrielle Amorth. E também esse carisma não tem a ver com o carisma paulino.

---

[7] Cf. ALBERIONE, G. *Abundadtes divitiae gratie suae*. In: COLACRAI, A; SGARBOSSA, E. (orgs.). *Opera omnia*. Cinisello Balsamo: San Paolo, 1998 (nuova ed).

Talvez esses ministérios *extraordinários* fizessem parte daquelas "admiráveis riquezas", segundo a profecia do Bem-aventurado Tiago Alberione, reveladas nestes nossos tempos tempestuosos. É de considerar que esses são grandes testemunhos da graça e da misericórdia de Deus na sua Igreja, mas também uma riqueza de graça para a congregação a que esses Irmãos e Irmãs pertencem.

É bom reler aquilo que São Paulo diz quando explica os carismas aos cristãos de Corinto (1Cor 12,4-11).

> Há diversidade de dons, mas o Espírito é o mesmo. Há diversidade de ministérios, mas o Senhor é o mesmo. Há diferentes atividades, mas é o mesmo Deus que realiza tudo em todos. A cada um é dada a manifestação do Espírito, em vista do bem de todos. A um é dada pelo Espírito uma palavra de sabedoria; a outro, uma palavra de conhecimento segundo o mesmo Espírito. A outro é dada a fé, pelo mesmo Espírito. A outro são dados dons de cura, pelo mesmo Espírito. A outro, o poder de fazer milagres. A outro, a profecia. A outro, o discernimento dos espíritos. A outro, diversidade de línguas. A outro, o dom de as interpretar. Todas essas coisas as realiza um e o mesmo Espírito, que distribui a cada um conforme quer.

Na cidade de Rimini, Irmã Ermínia passa anos de intensa atividade apostólica.

E ela a exercitava através daqueles carismas particulares dos quais fala também o Sacerdote paulino, exorcista, Padre Gabriele Amorth:

> Discernimento, conhecimento dos pensamentos, clarividência e presciência, profecia, curas, libertações.

Todos estes dons estavam escondidos debaixo de uma serenidade inalterável. Sempre serena, ela era capaz de esconder os próprios sofrimentos, enquanto as pessoas saíam do seu colóquio revigoradas.[8]

O seu coração vibrava pela carência de todos os que tinham necessidades:

> As preocupações pelas famílias destruídas: o problema dos casais separados, dos que apenas conviviam. Quantas uniões de casais ela obteve! E quantas conversões! Sabem de tudo os confessores da cidade [...]. E uma luta direta contra o demônio, especialmente quando lhe eram encaminhadas pessoas possessas. Eu também as enviei. Voltavam a mim dando-me os seus conselhos: "Irmã Ermínia me disse que você deve continuar a exorcizar-me, porém, assim, assim e assim...". E eu executava. Ela libertou muitas pessoas, comandando com força. Mandei para ela também casos difíceis. E o maligno vingava-se nela: distúrbios de diversos gêneros, em particular davam-lhe empurrões que a faziam cair, com várias consequências. Também a sua última queda deveu-se a uma causa muito precisa. Outro dom a ser salientado: a ajuda às esposas que se lamentavam de não poderem ser mães. Essas, depois de terem conversado com Irmã Ermínia, voltavam alegres com o seu bebê. A Irmã conservava um álbum com duzentas fotografias de crianças que ela tinha implorado e preanunciado o nascimento.[9]

---

[8] AMORTH, G. *Omelia ai funerali di suor Ermínia*, 6 setembro 1996.
[9] Ibid.

Irmã Ermínia, sem jamais ter faltado com a obediência religiosa e às tarefas de que era encarregada, sentiu fortemente que o Senhor lhe tinha confiado duas missões a serem cumpridas: sentir-se mãe dos Sacerdotes e difundir aquela que ela chamava simplesmente "A obra", ou seja, o conhecimento de Deus como Pai misericordioso que afirma: "Eu quero salvar aquilo que não pode ser salvo".[10]

---

[10] Id. In: BRUNETTI, E. *Dialoghi spirituali. Contatti d'amore tra Dio e La sua creatura*. Camerata Picena: Shalom, 2003.

IV

APÓSTOLA E MÍSTICA

EM ALBANO LAZIALE

"O que é a mística?", pergunta um dia um Sacerdote para Irmã Ermínia. E ela, tranquila: "É falar com Deus como nós estamos falando agora". Resposta que desarma, mas que inclui certamente uma profunda experiência interior. Essa Irmã sempre desarmava nas suas respostas, mas, sobretudo, com sua pessoa. Uma personalidade que inspirava confiança pela simplicidade e doçura de tratamento. Não só, mas também reverência, respeito. Diante dela, caíam todas as defesas; e todas as pessoas que a conheceram o afirmam. Era como se estivesse acima de qualquer contingência. Quando a pessoa chega a uma grande intimidade com Deus, desliga-se de tudo e sente a relatividade de todas as coisas. Talvez porque passa a conhecer outros lugares, outros horizontes do coração e do espírito que têm um fascínio, sem dúvida, superior. E enxerga as coisas de outra perspectiva, certamente diferente da nossa.

Porém, a doçura dessa Irmã desaparecia quando se encontrava diante do mal das possessões. "Sai daqui!", dizia com ímpeto ao espírito do mal. E dizia isso com uma força que, segundo ela, vinha de dentro, de Deus: "Eu digo com a força do Pai nosso: sinto este poder como uma grande força dentro de mim que me diz: 'Não tenhas medo, eu estou contigo'".

Para ela, a mística é o encontro com o *Inefável* de quem ouve a voz. Não somente, mas a "incorpora" em si. E esse "tu" de Deus torna-se um "tu" nupcial, totalizante, que investe toda a pessoa e as suas faculdades. Aquele "Eu vivo, mas não eu: é Cristo que vive em mim", do Apóstolo Paulo (Gl 2,20), pode tornar credíveis certas descrições de Irmã Ermínia que, de outra forma, seriam desconcertantes. Como desconcertantes para nós são as descrições onde conta que é levada, fora do corpo, para outra dimensão, onde vive experiências particulares. Depois volta ao corpo, simplesmente. E tudo isso lhe acontece não por sua vontade. Ela apenas o experimenta.

Portanto, a mística é, para Irmã Ermínia, um relacionamento simples e profundo com o "tu" de Deus. Ela não tem necessidade de consultar manuais de teologia espiritual, nem de teologia mística. Quando se vive nas alturas, não são necessárias cordas e botas.

Albano Laziale é uma cidadezinha dos "Castelos Romanos" (um agrupamento de cidades assim chamado talvez em memória do "senhor" do castelo que, na época feudal, ali residia com seus vassalos), na região do Lácio, perto de Roma. A região ocupa uma antiga e fértil área vulcânica que desde a Antiguidade permitiu a exploração de uma florescente agricultura e tem clima muito agradável durante o verão.

Ali, em Albano, em 1952 não existia nenhuma livraria. A Itália tinha saído destruída da Segunda Guerra Mundial e estava em plena fase de reconstrução em todas as frentes. Gradualmente se colocavam as bases para aquilo que seria o "*boom* econômico" dos anos 1960-1970. Mas em todo o país, com a pobreza, havia uma notável taxa de analfabetismo ainda não resolvida. No pós-guerra contavam-se na Itália mais de dois milhões de analfabetos. De fato, naqueles anos, precisamente em 1960, a RAI, nascida há pouco, transmitia, muito oportunamente, um programa de alfabetização para adultos: *Non è mai troppo tardi* [Nunca é tarde demais]. O programa tinha uma grande audiência em toda a Itália, em locais onde normalmente se reuniam as pessoas, como bares, ginásios de esporte, salas paroquiais, porque ainda nem todas as famílias possuíam um aparelho de televisão.

O grande sucesso do programa foi indicativo do notável desejo de resgate da pobreza e da ignorância daquelas faixas sociais menos afortunadas. Hoje, o fenômeno é interessante como memória histórica. De fato, no mês de fevereiro de 2014, a RAI transmitiu um filme produzido para TV em dois episódios com o mesmo título: *Non è mai troppo tardi* contando a história daqueles anos. Rever a Itália dos anos 1950-1960, sobretudo com as imagens da época que o diretor teve o cuidado de inserir, provoca certamente uma profunda reflexão sobre "como as coisas eram"...

É essa a situação sociocultural do tempo em que Irmã Ermínia foi enviada, por seus superiores, para abrir uma livraria das Paulinas em Albano. A cidadezinha, naquele período, era um pequeno centro e com interesses mais imediatos do que a aquisição de livros. A coragem jamais faltou a essas Irmãs, muito menos a seu fundador, que sempre as mandava sem rumo pelos caminhos do mundo, com aquela fé evangélica que deveria transpor montanhas! Não é por nada que se inspiram no Apóstolo Paulo, que desafiou toda espécie de dificuldades para pregar o Evangelho. Pode-se afirmar tranquilamente que as Edições Paulinas, com livrarias em cada cidade da península e o apostolado de "porta em porta", contribuíram, além da promoção religiosa, também para o processo de promoção humana e cultural da

Itália. E não só da Itália, mas aonde quer que tenham ido, nos vários continentes.

Irmã Ermínia ficava o dia inteiro na livraria. Foi nesse período que ofereceu ao Senhor a sua vida para a santificação dos sacerdotes. Foi motivada pelo fato de que, tendo o dom de ler pensamentos, "via" o mal-estar interior de vários Sacerdotes logo que entravam na livraria, além do convite da voz interior que dentro de si a alertava.

Algumas vezes também se verificavam eventos de "fioretti".[1]

Era o ano de 1955. Uma manhã, durante a comunhão, sentiu a voz interior que lhe dizia: "Hoje quero desposar-te". E Irmã Ermínia: "Mas já não me desposaste com a minha oferta como vítima pela santificação dos sacerdotes?". "Hoje te mandarei um ramalhete de rosas brancas provenientes da Suíça. Será o sinal com o qual confirmo a inspiração que te dei, e o nosso casamento."[2]

"A narrativa parece de fábulas, mas são realidades que eu vivo", dizia algumas vezes Ermínia a seus confessores. E não eram fábulas, porque naquele dia uma mulher lhe entregou um ramalhete de trinta rosas brancas: "São para você", disse. "Quem trouxe foi um senhor da Suíça". Irmã Ermínia

---

[1] Significa "florzinhas", e, na literatura, eram histórias contadas oralmente (tradição), sobre a vida e o milagre dos santos, com o intuito de edificar e elevar o espírito daqueles que as liam. Os "fioretti" não pretendem relatar fatos históricos acontecidos, portanto, neles existem acontecimentos verídicos misturados a lendas. Cada história transmitida é uma "pequena flor", e, conforme os fatos vão se multiplicando, formam uma coroa que orna a cabeça dos santos. (N.E.)

[2] *Quaderno*, Archivio storico FSP.

estremeceu, mas já estava habituando-se às surpresas que se precipitavam sobre sua vida.

Essa Irmã cultivava uma intensa vida de oração, embora vivesse uma existência bastante dinâmica entre o apostolado e os deveres da comunidade. Sendo uma Filha de São Paulo, assim como para as outras irmãs, sua vida transcorria entre a comunidade e a livraria, e ela caminhava pelas ruas da cidade. Não vivia na solidão de um mosteiro de clausura, mas entre as pessoas. E, apesar disso, experimentou uma profunda vida interior. Certamente o Senhor a conduzia por caminhos extraordinários, pelas vias da mística, mas isso não é importante: são graças *gratis datae*, que nem exigem uma profunda união com Deus. De fato, ela tinha as duas. É verdade que a sua experiência espiritual é particular, mas também indicativa do fato de que se pode atingir uma profunda intimidade com Deus, também nos percursos existenciais bastante movimentados, como podem ser aqueles com muitos empenhos externos, também numa vida não necessariamente de consagração total, como no interior de uma família.

E o Senhor lhe explicou muitas vezes que é o amor que constrói a vida interior, não as circunstâncias externas.

Recordemos Gabrielle Bossis: "Por que procuras criar-te a solidão", lhe diz a voz interior (que escuta por dezoito anos), "enquanto eu te quero diante do público? Filha querida, leva-me contigo aos outros. Sê como o teu Cristo".[3]

E porque Gabrielle era tentada a desistir de representar no teatro e ficar em casa, ele lhe diz: "Por acaso os Apóstolos ficaram em casa para se entregarem à contemplação?". "Sabes o que fazemos escrevendo estas páginas?" – tinha lhe

---

[3] BAROCCHI, L. *Lui e Gabriele Bossis*.

dito para escrever aquilo que escutava dele – "Removemos o preconceito de que a intimidade da alma seja possível somente para um religioso no claustro, enquanto o meu amor secreto e carinhoso é na realidade para toda pessoa que vive neste mundo."[4]

Retorna como *leitmotiv* essa afirmação do Senhor, em repetir que ele ama cada pessoa enquanto única. Ama a todos, mas cada um em particular.

Pode-se dizer que nestes últimos anos o Senhor simplificou sempre mais o relacionamento da pessoa com ele, Amor Supremo. E ofereceu "ícones" de sentimentos humanos para que se possa compreender melhor a profundidade e autenticidade do seu amor por nós: ícone de pai, ícone de esposo, ícone de amigo... Todos são apelos de amor, porto seguro para quem busca uma margem na qual ancorar-se no vazio e na solidão que com frequência nos circundam. Aliás, relendo a Escritura encontram-se os mesmos apelos, as mesmas ofertas de amor, com a diferença de que hoje a linguagem é mais simples, mais adaptada à mentalidade e à cultura contemporâneas.

Já no Antigo Testamento, existem páginas que realçam o grande amor de Deus pela humanidade e a sua extensa misericórdia; e como já foi dito, a Igreja sempre considerou essas palavras dirigidas a si e também a cada pessoa em particular. No livro de Oseias, o profeta do amor traído, existem páginas de grande profundidade lírica e emotiva:

> Sua desobediência eu curarei; de coração os amarei; pois minha ira já se desviou deles.
> Serei para Israel como orvalho: como o lírio ele há de florescer, como os cedros do Líbano estenderá suas raízes.

---

[4] Ibid.

> Seus galhos também hão de crescer, sua copa será como a da oliveira; seu perfume como o do Líbano.
>
> Os que moram à minha sombra voltarão, eles farão reviver o trigo, hão de frutificar como videira, sua fama será igual à do vinho do Líbano (Os 14,5-8).

Certamente é uma linguagem muito distante de nós. Muitos séculos nos separam desse profeta e da redação do livro. Mas o sentido escondido, debaixo das palavras poéticas da profecia, é unicamente aquele da misericórdia e do amor de Deus para o seu povo, Israel, que o havia traído: "Volta, Israel, para o SENHOR teu Deus...", recorda noutro lugar o profeta Oseias que profetiza em nome do Altíssimo. É sempre o grande amor de Deus que perdoa que se mostra na Escritura, para chamar o ser humano a voltar ao seu amor de pai, de esposo, de amigo, de sumo amor...

Dizíamos que Irmã Ermínia era também favorecida com o dom de ler pensamentos e de prever coisas futuras. E, com frequência, advertia que em certas ocasiões não era ela que falava. Vejamos a descrição do fenômeno feita por ela mesma:

> Algumas vezes o Senhor me faz conhecer o estado de uma alma. Encontro por acaso uma pessoa que jamais tinha visto antes. Está na desgraça de Deus, ou atravessa um período crítico e tem necessidade de ajuda. Apodera-se de mim o Espírito de Deus, uma força sobrenatural me impulsiona a aproximar-me dela, a língua fala sem que eu saiba o que diz; é como se outra pessoa estivesse em mim e falasse com a minha língua. Aquelas palavras são eficazes para aquela pessoa que admirada diz: "Irmã, quem lhe disse esta ou aquela outra coisa? Você realmente adivinhou. Eu jamais falei disso com alguém". Acreditam que seja eu, mas é Deus. Outras

> vezes, é como se falasse árabe: não entendo nada daquilo que o Espírito Divino responde, sinto somente a língua que se move e vejo que as pessoas vão embora satisfeitas e encorajadas. Aqui percebo o grande amor de Deus pelas suas criaturas, que busca todos os meios para salvá-las: assim como na Bíblia serve-se da mula de Balaão e no Novo Testamento se serve de qualquer meio ou pessoa para salvar e redimir.
>
> Outras vezes ainda experimento dentro de mim o estado de uma alma em pecado grave e o sinto tão forte que se quisesse saber-lhe-ia dizer a espécie de pecados etc., coisa que jamais faço porque o Senhor quer de mim o segredo sobre isso, assim como o quer de um confessor.[5]

E acontecia também que, às vezes, ela preparasse aquilo que queria dizer na reflexão sobre a Palavra de Deus, que era lida no grupo de pessoas que esperavam para ser recebidas. Mas, quando começava a falar, dizia tudo diferente. E percebia que não era ela que falava, mas Outro... E as pessoas ficavam serenas e confiantes diante daquilo que tinham escutado. Nesse caso ela era apenas um instrumento através do qual passava a Palavra do Senhor.

É significativa a consciência de Irmã Ermínia de ser um nada quando recorda o episódio da mula de Balaão narrado em Números 22,22-35. O Senhor se serve de qualquer instrumento (até de um asno!) se o considera oportuno para alcançar os seus objetivos, que são sempre de misericórdia e amor por seus filhos.

---

[5] *Quaderno*, Archivio storico FSP.

Uma Irmã, jovenzinha, tinha voltado da África com câncer: passou por cirurgias, fez quimioterapia etc. Uma manhã Irmã Ermínia lhe relatou que, durante a missa, no momento da elevação da hóstia, a voz interior lhe tinha dito que ela não morreria, mas viveria para ajudar a congregação. "Já se passaram trinta anos, e estou muito bem. Ainda que eu não saiba como ajudar a congregação...", diz sorrindo aquela missionária da África.

Outra Irmã, médica, tinha sido afastada do hospital no qual trabalhava por causa de alguns conflitos que existiam naquele lugar. Por isso, foi enviada ao México. Naquele ano, tinha voltado para a Itália para ficar poucos dias. Irmã Ermínia lhe disse que ela voltaria ao hospital; deveria mediar as tensões existentes com o silêncio e a oração, e levar serenidade. A Irmã surpreendeu-se com o que ela disse, mas não levou muito a sério. No entanto, naqueles dias foi chamada pela superiora-geral e reenviada para o hospital, do qual tinha sido afastada. Ninguém sabia do novo curso dos acontecimentos, muito menos Irmã Ermínia. Mas ela via longe, e esse era outro dos seus dons, experimentado por muitos e em muitas ocasiões.

Em 1994, outra Irmã foi operada de câncer.[6] Transferida para a comunidade de Rimini, Irmã Ermínia realizou massagens no braço esquerdo dela, inchado por causa do câncer, e fez uma oração. Depois, convidou a Irmã para voltar todas as manhãs e lhe disse: "Verá que ficará perfeitamente curada, tenha fé e reze comigo". Hoje a Irmã afirma: "Tudo o que ela me disse aconteceu. Após uma semana, as minhas condições melhoraram, os exames e os laudos se mostraram perfeitos e já se passaram vinte anos desde que fui operada e estou completamente curada".

---

[6] Irmã Eugenia Dalese.

Por vezes, quando acontecia qualquer coisa de preocupante e a pessoa queria contar-lhe, dizia: "Já sei tudo", e especificava exatamente aquilo que a outra pessoa queria dizer-lhe. Ou, para tranquilizar alguém, afirmava com desconcertante segurança: "O Senhor sabe e está de acordo". Sem dúvida, tinha um "ouvir" interior, um "ver" que ia além do normal.

Observar como Irmã Ermínia falava com tanta simplicidade e confiança com Deus, como se fosse uma pessoa da família, é algo que causa admiração. Retomemos um fato do qual fala o seu biógrafo, Dom Guglielmo Zannoni. Sendo seu confessor, é provável que ela mesma lhe tenha confidenciado. É um episódio de grande beleza e merece ser relatado por inteiro.

> Uma tarde a Irmã estava particularmente cansada, e soou a campainha da porta, depois das 21 horas. Era um homem que queria falar com Irmã Ermínia e ela mentalmente: "Jesus, mas não te basta a jornada que te ofereço? Agora, às 9 horas da noite, me mandas uma pessoa a quem nunca vi, mas quer falar comigo. Vem comigo, então, fala tu com este irmão. Não sou capaz, estou muito cansada! Vem comigo!".
> "Eu sou Irmã Ermínia; o que deseja?", disse saudando o homem.
> "Há anos quero saber se realmente existe esse Deus do qual vocês falam. Até agora ninguém me convenceu!"
> Enquanto isso, a Irmã repetia dentro de si: "Convence-o tu, Senhor!". E depois de um momento de silêncio, disse: "Comecemos com uma oração".
> "Mas eu não acredito!", afirma o homem.
> "Eu creio!"
> O outro a observa, e ela, dentro de si, continuou a invocar Jesus e o Espírito Santo para que abrissem o coração daquele homem.

Longos instantes de silêncio. Então o homem explodiu num pranto copioso, enquanto a Irmã continuava a rezar dentro de si: "Convence-o tu, Jesus; toca-lhe o coração, para que te procure. Cura a alma desta pobre criatura!".
Enquanto isso, o pranto se transformava em soluços. Depois de um silêncio de alguns minutos, ela lhe diz: "Agora podemos refletir".
"Não, Irmã!", disse o homem. "Não tenho mais nada para refletir, porque senti Deus dentro de mim. Não tenho palavras para exprimir aquilo que experimentei e nem mesmo para manifestar o meu reconhecimento a Deus. Diga a senhora a ele. Diga a Deus que eu não o conheço, mas o procuro, o amo, o quero."
E depois lhe contou a história da sua vida. Era um professor da Universidade de Bolonha, e durante anos procurava Deus, sem encontrá-lo.
"Irmã, a senhora sabe que não me disse nem mesmo uma palavra? No entanto, eu senti que Deus, dentro de mim, me tomava por inteiro. Identifiquei-me com ele e não compreendi mais nada. Só sei que Deus é forte, que eliminou as trevas da minha mente e eu vi a sua luz dentro de mim. Obrigado, Irmã, e agradeça a Jesus por mim. Diga-lhe que, desde quando era menino, não o recebi mais na Eucaristia. Agora vou recuperar o tempo perdido."
Enquanto isso, Irmã Ermínia, com o seu modo de agir rápido e concreto, disse dentro de si: "Excelente, Jesus; fizeste muito bem! Agora acompanha-o, assim eu posso repousar!".
Aquele homem manteve a sua promessa.[7]

---

[7] ZANNONI, G. *Testimone della misericordia del Padre*, pp. 76-77.

Não se pode deixar de admirar a grande simplicidade e a extrema confiança dessa Irmã no seu relacionamento com Deus, como se fosse sua irmã, mãe ou esposa. Muito menos a resposta de Deus a essa profunda confiança. Quando caem as barreiras da falta de fé, da pouca confiança, da distração... então a oração torna-se mais verdadeira, às custas de, talvez, uma prática mais refinada, confiante e envolvente! Certamente Irmã Ermínia tinha recebido dons e carismas especiais de Deus. Mas esses dons lhe foram dados para fazer o bem aos outros, não para si mesma. E sofreu muitas incompreensões por causa desses dons, como já foi dito, tanto da comunidade como da parte de algumas autoridades eclesiais, e por longo tempo. Depois, Satanás, "o obscuro senhor", como o chama o Padre Pietro Cantoni em seu livro intitulado precisamente *L'oscuro signore. Introduzione alla demonologia* [O obscuro senhor. Introdução à demonologia],[8] não estava somente assistindo. Conta-se que às vezes ouviam-se gritos, diante da residência das Filhas de São Paulo, a comunidade de Irmã Ermínia: "Bruxa, vai embora! Vai, sua bruxa!". E quem gritava assim era um eminente clérigo. Mas, sem dúvida, na realidade era Satanás com a aparência do prelado.

Conta-se que diante da residência paroquial do Santo Cura d'Ars, na França, por certo tempo, toda noite ouvia-se um grande ruído e alguém que gritava: "Vianney, Vianney, o que você faz aqui? Vai embora! Vai!".[9] Fantasias? Não!

---

[8] CANTONI, P. *L'oscuro signore. Introduzione alla demonologia*. Milano: Sugar Co, 2013.

[9] Cf. JOULIN, M. *Il santo Curato d'Ars*. Milano: Paoline, 2009, p. 83. [Ed. bras.: João Maria Vianney: o Cura d'Ars. 8. ed. São Paulo: Paulinas, 2012.]

Irmã Ermínia sempre obedeceu aos seus superiores. Sempre aceitou aquilo que lhe foi pedido, mesmo quando se revelava algo difícil de compreender. Mas o seu espírito de fé superava tudo. A superiora-geral da congregação,[10] nos momentos de perplexidade e dúvida sobre as obras de Ermínia, um dia disse para outra Irmã: "Digam o que quiserem de Irmã Ermínia, mas ela sempre foi obediente. Disse-lhe para transferir-se para a comunidade de Galloro[11] e ela obedeceu sem dizer uma palavra".[12] A afirmação da superiora-geral é uma luz a mais sobre Irmã Ermínia, que teve como sorte uma missão assim tão diferente das outras Irmãs, e, por isso, difícil de ser compreendida. Mas o seu estilo de vida era o de obedecer, seja o que tivesse sido disposto para ela.

EXPERIÊNCIAS MÍSTICAS

Irmã Ermínia experimentou várias vezes em seu corpo os estigmas da paixão do Senhor. Isso acontecia especialmente durante a noite, de acordo com o desejo da interessada. O episódio nos faz sorrir diante do costume da Irmã de "fazer um acordo" com o Senhor. Desta vez é por causa do seu empenho apostólico, que, como Filha de São Paulo, era o de gerenciar uma livraria e estar em contato com as pessoas. Portanto, nada de estigmas.

Conta Padre Guglielmo Zannoni:[13]

---

[10] Irmã Maria Cevolani (1932-2004).

[11] Veja-se, neste mesmo volume, o cap. V.

[12] Testemunho de Irmã Adeodata Dehò.

[13] Guglielmo Zannoni, sacerdote e doutor em Teologia. Durante o Concílio Vaticano II, foi escolhido como perito da língua latina e contribuiu para a redação dos documentos conciliares.

No dia 11 de fevereiro de 1955, Festa de Nossa Senhora de Lourdes, na santa comunhão senti novamente Jesus que dizia: "Pensei em dar-te os estigmas". Irmã Ermínia assustou-se muito e na sua rapidez instintiva respondeu: "Olha, Jesus, não quero essas coisas! Com o meu apostolado, devo estar diante do público, ser gentil e sorridente. Como poderei fazer isso, se os estigmas são visíveis e me fazem passar mal?". Refletiu um pouco e depois acrescentou: "Sim, faço o que quiseres; porém, recorda-te, Jesus, que os estigmas, quando estou em contato com o público, não podem ser vistos, nem doer". Então Jesus lhe assegurava: "Não, não! Diante dos outros, serás alegre e consoladora. Cada sorriso teu pode salvar uma alma".[14]

Também Gabrielle Bossis recorda alguma coisa do gênero: "Canadá. 24 de setembro 1936. A capela fica ao lado da porta do meu quarto, e cada vez que passo diante dela eu sorrio. Ele me disse: 'Sorri a todos. Unirei uma graça ao teu sorriso'".[15] É esplêndida essa coincidência tão humana de Jesus, que o torna extraordinariamente próximo de nós.

Retornando a Irmã Ermínia, acontecia às vezes que sentia muito forte as dores da paixão, enquanto estava com as

---

Subsecretário da Congregação para o Clero, oficial da Secretaria de Estado por vinte e sete anos, foi professor na Pontifícia Universidade Lateranense por diversos anos. Autor de muitas verbetes da *Enciclopedia cattolica* e da *Bibliotheca Sanctorum* e do já citado livro *Testimone della misericordia del Padre*. Suor Erminia Brunetti, cônego da Basílica de São Pedro no Vaticano, morreu em 2005, com 90 anos de idade.

[14] ZANNONI, G. In: BRUNETTI, E. *Dialoghi spirituali*.

[15] BAROCCHI, L. *Lui e Gabrielle Bossis*.

pessoas na livraria, e então mentalmente dizia: "Jesus, lembra-te?". Ele se recordava do pacto e as dores se atenuavam ou desapareciam por completo, para recomeçar depois, durante a noite.

Essa Irmã é uma verdadeira estigmatizada, mas com estigmas invisíveis... e noturnos.

Algumas pessoas que a estimavam muito diziam que era a "versão feminina de Padre Pio".[16] De fato, há muitas coisas em comum, com o Santo de Gargano: os muitos dons extraordinários e ainda os estigmas, ainda que invisíveis.

Para Irmã Ermínia acontecia sempre de sofrer as dores da paixão de acordo com os pactos. Durante a noite, enquanto dormia, com frequência era acordada por dores tremendas: "As mãos e os pés sentem a dor como se realmente estivessem traspassados pelos pregos, e o corpo experimenta os ferimentos das pancadas, parece que o coração se desfaz, enquanto toda a pessoa fica gelada. Não saberia dizer quanto tempo durava esse estado, porque a dor não permite distinguir o tempo".

Suas cadernetas estão repletas de relatos de experiências místicas, pois, por ordem dos seus confessores, Irmã Ermínia anotava tudo o que lhe acontecia. Recordemos algumas. Naturalmente, são fenômenos longe da nossa compreensão comum.

Na Quarta-feira Santa, enquanto entrava na igreja para a visita eucarística, fui como que investida pelas três Pessoas Divinas; inebriaram-me de tal modo de seu amor, que me parecia não poder superar aquele estado. Os abraços divinos eram fortes e dolorosos, um fogo

---

[16] São Pio de Pietrelcina, capuchinho, canonizado no dia 16 de junho de 2002.

> me incendiava toda, de modo que me sentia uma sarça ardente. No corpo experimentava ao vivo a paixão de Jesus. Exclamei: "Meu Deus uno e trino, por caridade, tem piedade de mim, senão me reduzo a cinzas; sê moderado com a tua criatura e recorda-te que é formada de barro e não pode suportar tanto calor". "Eu te esperava aqui para fazer-te sentir o grande amor que nutro por vocês, minhas criaturas, doando-me neste sacramento de amor, a Santíssima Eucaristia, até o fim do mundo. Poderia fazer mais? Tornei-me pão vivo a fim de que as pessoas me recebam e me comam sem temor. Mudei este pão de grãos e este vinho de uva no meu corpo, sangue, alma e divindade. Eu sou a videira e a seiva que, passando através do tronco, chega aos ramos que são vocês, e recebem de mim a vida [...]. Quantos sacrilégios e friezas, ingratidões e traições... Almas que cumulei de graças, caídas voluntariamente na lama. Outras me renegam e me vendem por pouco dinheiro, como Judas: enquanto eu instituía o sacramento do amor, ele tramava no seu coração o modo de me fazer morrer." Jesus pronunciou estas palavras com expressão de grande tristeza, unido ao Pai e ao Espírito Santo, e apertando-me a si continuou: "Ao menos tu ama-me muito".

Ainda a universalidade do amor de Jesus que dirige o discurso no plural: "Eu te esperava aqui para fazer-te sentir o grande amor que alimento *por vocês, minhas criaturas*".

E outra vez:

> São três noites seguidas que, enquanto estou no mais profundo sono, sou acordada de repente por uma seta poderosa de amor que me penetra no fundo da alma,

produzindo em meu interior um amor tão vivo e uma dor que me faz admirar como a natureza humana possa suportar tanta alegria e dor. É um sofrimento muito diferente do físico, mas muito mais doloroso. Parece que o coração vai se despedaçar de um momento para outro, porque essa seta produz no íntimo da alma uma ferida de amor e de dor que, se não fosse uma graça por parte de Deus, a pobre natureza humana permaneceria incinerada, enquanto a língua diz certas expressões de amor e de lamentos sem saber o que diz. Parece que Jesus esqueceu que a sua criatura é formada de barro. Abraça-a forte; ai se durasse muito esse estado ou se Jesus apertasse um pouquinho mais: a morte seria certa. Enquanto gritava a Jesus: "Tem piedade, recorda-te que sou uma criatura e não Deus", ele, na sua infinita misericórdia, alargava a sua mão diminuindo (o aperto), enquanto uma voz interna me dizia: "Ama-me! Ama-me! Sê minha para sempre, deixa-te trabalhar como eu quero, sou eu que te santifico, abandona-te totalmente ao meu coração".

Irmã Ermínia acrescenta para o confessor:

Padre, você dirá que sou louca, no entanto, não escrevi nem um terço daquilo que a pobre alma experimenta nesse estado. Mas, com tudo aquilo que se sofre, não se trocaria esse sofrimento por todas as riquezas e prazeres do mundo.

E conta ainda:

No primeiro domingo do mês houve a adoração (na comunidade) e precisei renunciar. Tínhamos muitas assinaturas para renovar. Disse ao Senhor: "Como ficaria feliz em estar

> aqui e fazer-te companhia, mas o dever me chama em outro lugar". "Não te disse que não são as grades, o lugar e a clausura que formam o amor, e que, quando te encontro ocupada no teu apostolado, sou eu que venho encontrar-te e venho procurar-te? Verás hoje como estaremos unidos e como nos amaremos caminhando". De fato, o Senhor se fez sentir mais forte em mim do que se estivesse em adoração. Falava às pessoas e sentia no coração toques penetrantes e divinos, abraços tão inebriantes que me faziam delirar de amor...[17]

Então se apressava a dizer logo ao Senhor para não exagerar... porque as pessoas poderiam perceber que acontecia qualquer coisa de humanamente inexplicável nela.

Talvez se possa admirar a linguagem usada pelo Senhor. Uma linguagem tão humana, impregnada de amor sensível. Mas Jesus é também homem, pertence à raça humana com a Encarnação do Verbo, para fazer-se entender, usa a linguagem humana. Aliás, temos um exemplo concreto no livro bíblico dos Cânticos dos Cânticos, que, a uma visão muito humana e carente de horizontes espirituais, pode criar até mesmo constrangimento. É preciso recordar que a linguagem do amor humano foi sempre usada na Bíblia, para falar do grande amor de Deus para com o ser humano: um amor esponsal, totalizante.

Talvez hoje, com as novas realidades por vezes tragicamente conflitantes do amor conjugal, esse modelo esponsal não seja mais válido para exprimir o grande amor totalizante, indiviso e eterno de Deus pelas pessoas. Ao contrário, parece que os modelos humanos que encontramos na

---

[17] *Quaderno*, Archivio storico FSP.

linguagem bíblica não têm mais o mesmo significado, nem mesmo aquele de pai e mãe. Talvez tenha acontecido algo negativo ao fluxo das relações humanas; ao menos, ao coração humano. O evangelista Mateus traz uma frase de Jesus que é muito indicativa nesse sentido: "É do coração que saem as más intenções: homicídios, adultérios, imoralidade sexual, roubos, falsos testemunhos e calúnias" (Mt 15,19). Parece que, no coração de tantas pessoas do nosso tempo, não há mais lugar para sentimentos autênticos e duradouros: o coração dos seres humanos está doente. Com frequência, há muita precariedade de sentimentos, muita desorientação nas relações humanas.

Porém, Jesus também disse: "Não são as pessoas com saúde que precisam de médico, mas as doentes" (Mc 2,17). Será necessário pedir que a sua misericórdia curativa se incline sobre todas as pessoas doentes do nosso tempo. Existe necessidade extrema de curar o coração e de recuperar sentimentos autênticos para uma vida serena e equilibrada.

Às vezes, Irmã Ermínia se oferecia ao Senhor pelas pessoas em dificuldade, oferecia-se para sofrer no lugar delas ou para a sua conversão, e ele a satisfazia. Mas o seu sofrimento, depois, era terrível, desconcertante e doloroso. Então a voz interior a recordava: "Não te ofereceste para tal pessoa?".

Essa Irmã era uma pessoa muito humilde, serena, sem complexos. Conta o Padre Geremia Marchesi, um Sacerdote amigo que conhecia as suas experiências interiores.

> À minha pergunta: "Diga-me como faz para falar com o Pai", me respondeu: "Assim como faço com você agora". E, quando me encontra, com um grande sorriso me diz: "Venha, escute também esta", fazendo-me partici-

par das suas experiências místicas. Depois, quando escreve algum pensamento ou iluminação especial, diz: "Dê uma olhada se escrevi corretamente, porque não sou instruída, sabe". E eu dizia: "Mas é claro que está certo; quem lhe ensinou estas coisas?". "Ele é que me disse", responde.

Irmã Ermínia dizia não ser instruída, mas, ao ler seus escritos, cadernetas, cartas, nota-se uma linguagem bem correta e um estilo fluente que revela certa instrução que lhe vinha, talvez, de outra fonte, porque (bem-aventurada ela!) tinha um "Mestre interior", como disse Santo Agostinho.

Uma reflexão me parece obrigatória. Conhecemos as experiências místicas de muitos santos somente depois da sua morte. O que pode causar admiração em Irmã Ermínia é que aquilo que escutava em segredo o comunicava dos telhados, segundo a expressão evangélica. De fato, muitos escritos que se referiam às revelações da voz interior circulavam já durante a sua vida entre seus amigos e devotos. E, às vezes, encontrando-se entre pessoas amigas, ela contava algo das suas experiências interiores. Conhecendo a sua humildade, pode-se concluir que certamente deve ter recebido instruções interiores para comportar-se assim. Imaginamos que por iniciativa própria com certeza não o teria feito.

V

CARISMAS EXTRAORDINÁRIOS

"CERCAS" AO LONGO DO CAMINHO

Nos Atos dos Apóstolos existe um discurso de São Pedro, na casa de Cornélio:

> Vós sabeis o que aconteceu em toda a Judeia, a começar pela Galileia, depois do batismo pregado por João: como Jesus de Nazaré foi ungido por Deus com o Espírito Santo e com poder. Por toda a parte, ele andou fazendo o bem e curando a todos os que estavam dominados pelo diabo; pois Deus estava com ele (At 10,37-38).

E Jesus um dia disse que os discípulos fariam coisas maiores do que ele. De fato, na história da Igreja verificaram-se muitas vezes intervenções extraordinárias operadas por homens e mulheres, inexplicáveis pela nossa racionalidade, mas que foram atribuídas a uma potência superior que não poderia vir senão de Deus.

Um dia encaminharam a Irmã Ermínia um homem que não aguentava mais ficar em pé, e era forçado a caminhar curvado por causa de fortes dores na coluna dorsal. Vinha de Cattolica, uma cidadezinha da província de Rimini. Ela o recebeu com muita afabilidade, como fazia com todos, e o convidou a rezar com ela. Enquanto rezavam, ela sentiu uma voz dentro de si que a impulsiona a dizer para aquele homem: "Levanta-te e anda!". E assim fez. O homem obedeceu e se encontrou perfeitamente curado. As pessoas que estavam na outra sala, à espera de serem recebidas, ficaram muito admiradas: tinham visto o homem entrar acompanhado e com dores, agora caminhava ereto e rápido e voltava para casa.

Irmã Ermínia, ainda durante a vida, conseguia obter do Senhor muitas graças para quem tinha necessidade. E continuou, também depois da morte. E continua ainda hoje. Enquanto estou finalizando este livro, chegaram outros testemunhos.

Uma Irmã Paulina,[1] no ano 2000, poucos anos depois da morte de Irmã Ermínia, ocupava-se da livraria das Paulinas em Albano Laziale; ela conta que um dia entrou na livraria uma jovem senhora angustiada por uma situação familiar. A mulher, desempregada por muito tempo, tinha finalmente encontrado um trabalho e uma casa em Albano, mas a mãe anciã, que se encontrava em outra província, estava gravemente enferma e tinha necessidade de assistência. Portanto, ela deveria deixar o trabalho para cuidar da mãe, mas precisava trabalhar para viver... O que fazer? O que lhe aconselharia? A Irmã estava aflita e incomodada diante daquele dilema, porém lhe veio uma ideia. Há pouco tinha sido impresso o primeiro livro sobre a vida de Irmã Ermínia Brunetti,[2] pegou-o e ofereceu à senhora dizendo: "Esta nossa Irmã tem ajudado muita gente; reze e ela ajudará também

---

[1] Irmã Assunta Funari.

[2] ZANNONI, G. *Testimone della misericordia del Padre*.

você". A mulher comprou o livro e foi à igreja da cidade. Do átrio da entrada, vinha vindo uma Irmã que se aproximou da senhora e lhe disse: "Não se preocupe com a sua mãe, tudo ficará bem. Continue a trabalhar". A mulher ficou muito surpresa. Chegando em casa, pegou o livro que tinha comprado e ficou ainda mais admirada ao reconhecer, na fotografia do livro, a Irmã que lhe tinha falado no pórtico da igreja: era Irmã Ermínia Brunetti, falecida em 1996. Pouco tempo depois, a mãe da senhora recuperou a saúde e não tinha mais necessidade da filha. Ela voltou depois na livraria para contar o que tinha acontecido.

Esta outra notícia é mais recente. Chegou em uma carta de uma senhora operada em 2011 de câncer no seio (carcinoma mamário). Depois de longos cuidados e quimioterapia, nos últimos exames, em dezembro de 2013, estava tudo bem. Mas o marido insistiu para que fizesse um novo exame, que a mulher julgava desnecessário. Todavia, para tranquilizá-lo, passou em outra consulta e fez uma ultrassonografia. Para surpresa de todos, diagnosticou-se que um novo tumor surgia, também esse de apenas seis milímetros. Era o dia 5 de fevereiro de 2014. Deveria retornar para uma mamografia dali a poucos dias. Entretanto, ambos rezaram a Irmã Ermínia pedindo para ajudá-los e para intervir (os dois a conheceram quando ainda estava viva). Voltaram ao hospital no dia 11 de fevereiro. Nos novos exames não apareceu mais nada. O médico ainda refez os exames: nada. Então, chamou outros colegas e o médico-chefe do hospital para avaliarem juntos. Mas não encontraram mais nenhum sinal do câncer. E isso tendo passado apenas seis dias. A senhora enviou os dois relatórios médicos: o que evidenciava a formação tumoral e aquele obtido depois dos exames, onde não aparecia nenhuma patologia. A senhora e o marido estão convencidos de que Irmã Ermínia lhes obteve a graça.[3]

Retomemos o fio da história.

Em 1959, Irmã Ermínia escreveu uma carta para outra Irmã, na época secretária provincial, para esclarecer alguns aspectos das suas particulares experiências, que são úteis também para nós, a fim de compreendermos melhor o itinerário que o Senhor lhe tinha designado. Ela chama a destinatária de *madrinha*, mas não sabemos o motivo. Entre outras coisas, diz:

> Dia 3 de dezembro de 1959
>
> [...] Não me maravilho que o Senhor deixe minha madrinha em dúvida a meu respeito, é natural que não se acredite nesta pobre nada, ignorante e plena de pecados; tantas vezes disse isso à SS. Trindade, mas ela não quer ouvir minhas razões e me assegura dizendo-me insistentemente que, para as suas obras, se serve das coisas mais desprezíveis. Muitas vezes me examino como se fosse o último dia da minha vida e desço no profundo do meu espírito para ver se algum dia me enganei, mas sinto uma calma e uma paz muito tranquilizantes; sinto que a obra divina penetra com a sua potência e graça nesta minha pobre alma privada de qualquer ajuda humana, infundindo-me tanta coragem, força e paz, que estaria disposta a morrer para oferecer o "Deus uno e trino" às pessoas.

---

[3] La documentazione è nell'Archivio storico FSP.

Desta carta se intui que ao redor de Irmã Ermínia existia certamente uma aura de incredulidade e suspeitas. E a coisa mais dolorosa para ela, sem dúvida, era não ser acreditada pelas suas Irmãs, pelos seus superiores. Mas aquilo que comove é o lamento submisso do coração: "... esta minha pobre alma privada de qualquer ajuda humana". Irmã Ermínia devia sentir uma solidão muito profunda para exprimir-se assim. E, algo ainda mais doloroso, confiou isso a uma pessoa certamente querida (a quem chama de madrinha), mas que sabia não acreditar totalmente nela.

Irmã Ermínia vivia seu calvário de suspeitas, exames psiquiátricos, diversas avaliações. Tornou-se "um caso" para os superiores e Irmãs: as revelações, as conversões que se verificavam, as curas, as tantas pessoas que a cercavam... não era mais possível ignorar. É compreensível a perplexidade diante de tanta novidade. Creio que ela, com sua acentuada sensibilidade, conseguia perceber isso. Talvez também por isso aceitasse de boa vontade cada ordem, com a misericórdia de quem sabe compreender o desconforto dos outros.

Com efeito, é de compreender também a angústia das superioras diante de uma situação certamente muito particular. E, além disso, debaixo dos refletores da hierarquia eclesiástica. E depois, uma coisa é ler nos livros as histórias das pessoas místicas, as suas experiências fascinantes... e outra coisa é tê-las "diante dos olhos", na própria comunidade já heterogênea por sua composição, imagine com mais esse acréscimo! Haverá sempre a dúvida, a suspeita: será que é uma pessoa equilibrada? Não se trata de histeria? E as ameaças do demônio? Quem sabe?! É tudo história etc., etc.

As biografias dos místicos oferecem repertórios divertidos das reações dos próprios Irmãos e Irmãs. Basta ler a vida do Padre Pio de Pietrelcina para ter uma ideia disso.

Entre os muitos episódios que se contam das intervenções particulares de Irmã Ermínia com os seus carismas, existe também aquele referido por uma Irmã Paulina,[4] enfermeira no hospital Rainha dos Apóstolos de Albano. Ela conta que, em 1980 (ou 1981, não se recorda bem), um jovem que se encontrava na Casa de Retiros Jesus Mestre, em Ariccia, cortou as veias dos pulsos e se trancou num quarto. Ninguém conseguia convencê-lo a sair. O pároco, que havia acompanhado o grupo dos jovens para um curso de exercícios espirituais, estava preocupadíssimo. Telefonaram para o hospital para pedir ajuda. O diretor do hospital, na época, era o Padre Franco Testi, Sacerdote Paulino. Contaram-lhe o problema, e o Padre Testi, tranquilo: "Eu vou. Não me preocupo, levo comigo a Irmã Ermínia". E ela, que se encontrava por alguns dias na comunidade das Filhas de São Paulo do hospital, foi com ele.

Chegaram em Ariccia. O jovem continuava trancado no quarto. A Irmã se aproximou da porta fechada e disse com doçura: "Abre; você precisa abrir, sabe. Precisamos que você abra". No mesmo instante, o jovem abriu a porta. E foi imediatamente levado para o pronto-socorro.

Talvez não tenha sido por acaso que o jovem tenha aberto a porta à voz de Irmã Ermínia, até porque Padre Testi já havia dito que ia tranquilo por levar consigo a Irmã. Sem dúvida, conhecia Irmã Ermínia e os seus carismas particulares.

Outro episódio singular aconteceu em Rimini, durante a oração em grupo. Irmã Ermínia estava comentando um trecho do Evangelho e, de repente, se calou e fez um aceno a uma senhora na sala, dizendo-lhe para ir logo ao hospital,

---

[4] Irmã Redenta Vannini.

porque o bebê que esperava estava para nascer. Logo outra pessoa se ofereceu para levá-la em seu carro. Internada na maternidade, no espaço de uma hora nasceu a criança. Mas a Irmã não conhecia a senhora e nem se notava que ela estivesse grávida.

Eram muitas as pessoas que recorriam à Irmã Ermínia, quer para pedir um conselho, quer para uma oração, quer em momentos de desespero e precisando de ajuda. O Senhor lhe havia dito um dia que os dons que lhe concedia eram para os outros. E ela o recordava com simplicidade, mas, sobretudo, com humildade: "Eu não sou nada... as pessoas pensam que sou eu, mas é o Senhor que realiza", amava dizer.

A Igreja observa sempre com atenção e prudência cada manifestação, cada realidade que vai além da doutrina tradicional. Também no caso de Irmã Ermínia foram tomadas medidas particulares.

Em 1981, com uma carta de 16 de julho enviada pela superiora-geral,[5] vinham comunicadas novas disposições restritivas para Irmã Ermínia e a sua transferência para outra comunidade:

- cessar qualquer atividade, até que essa fosse estudada e definida por pessoas competentes;
- submeter-se a exames (de ordem psiquiátrica, em confidencialidade);
- recolher o material difundido;
- transferir-se para uma nova comunidade para cuidar das Irmãs anciãs e enfermas e permanecer ali até nova ordem.

---

[5] Irmã Maria Cevolani.

Recebida a carta da superiora-geral, Irmã Ermínia deixou tudo e, de Rimini, transferiu-se prontamente para o novo destino. Era uma comunidade que se encontrava na cidadezinha de Galloro, em Ariccia, na zona rural, perto de Roma.

Nesse período era esperada em Roma a vinda de um religioso austríaco, especialista em *psicologia clínica* e em *fenômenos paranormais*, para um enésimo exame (a quantos já se tinha submetido Irmã Ermínia?). Como a transferência para Galloro havia sido em julho e em setembro o especialista ainda não tinha chegado, Irmã Ermínia escreveu um bilhete para a superiora-geral, sugerindo-lhe que fosse examinada por outro médico, da Itália. E lhe disse isso com uma simplicidade, uma objetividade e um desapego, como se o exame se referisse a outra pessoa. Mas referia-se a ela, que estava "sob observação"!

O mais admirável é que o bilhete não revela o mínimo sinal de sofrimento, a mínima amargura. Somente serenidade e desapego. Um comportamento desse tipo só pode ser atribuído à graça que atuava nela, mas também a um exercício de vigilância e de autodomínio. Certos comportamentos não se improvisam. De fato, essa Irmã surpreende, porque evidentemente vivia, com paciência e certo distanciamento, situações que, para os demais, seriam desagradáveis, a ponto de ir ao encontro da superiora-geral "para fazer mais depressa", diz no bilhete que lhe escreveu. Mas talvez também ela tivesse pressa de saber o que diria o especialista, para poder livrar-se das suspeitas... que acabavam fazendo com que desconfiasse de si mesma. De fato, mais de uma vez tinha expressado ao Senhor as próprias perplexidades, mas ele sempre lhe assegurava que tudo vinha dele. Mas, apesar disso, sua vida oscilava entre dúvidas e tranquilidade. Mas é normal; aliás, humano, numa situação assim complexa.

Os anos passavam, mas o calvário de Irmã Ermínia continuava, porque, em 1989, surge outro pedido de Roma, da Sagrada Congregação da Fé (ex-Santo Ofício), de esclarecimentos sobre sua pessoa e atividade apostólica.

E, ainda, em 1991 persistem as perplexidades da Santa Sé. Num relatório da superiora provincial,[6] após encontro com o Bispo de Rimini, Dom Mariano De Nicoló, o Bispo diz que "toma para si o que foi comunicado pela Santa Sé, e em particular pela Sagrada Congregação da Fé, da qual aceita as observações, as constatações e as decisões e as partilha".

Entre outras coisas se lê:

> – Não se deve imprimir e não se devem divulgar nem a doutrina, nem os escritos, julgados como matéria incerta e discutível, conforme o pensamento da Igreja.
> – Considera também que não se deve favorecer, mas antes moderar e diminuir a afluência das pessoas.
> – Pede-se a plena obediência a todas as disposições dos superiores eclesiásticos e religiosos, em dependência e submissão, segundo o modelo oferecido por Jesus.

Portanto, a essa Irmã "suspeita" eram dadas diretivas específicas, entre as quais as "cercas" dentro das quais deveria trabalhar. E ela adaptou-se sempre a quanto lhe vinha determinado pelos superiores eclesiásticos e pelas suas superioras de congregação, como testemunha também o Sacerdote encarregado pelo Bispo de "acompanhar discretamente a atividade da Irmã".

A ortodoxia dos carismas de Irmã Ermínia é sempre questionada. Padre Walter Pasolini, o Sacerdote encarregado pelo

---

[6] Irmã Rosaria Aimo.

Bispo, algum tempo depois dessa "incumbência", enviou um relatório ao prelado na qual, entre outras coisas, diz:

– Encontrei Irmã Ermínia em plena obediência das disposições e normas prescritas.
– Muitas pessoas a procuram, algumas da diocese, mas, sobretudo, vindas de outros lugares.
– A jornada de Irmã Ermínia é dividida entre momentos de oração comum, de breves comentários da Palavra de Deus, de colóquios pessoais sobre problemas de fé e de situações familiares particulares.
– Ao redor de Irmã Ermínia criou-se certa aura de carismas particulares, os quais requerem um discernimento atento e vigilante.
– Há cerca de um ano Irmã Ermínia envia-me muitas pessoas para conversar ou confessarem-se comigo. São, principalmente, jovens, moças, casais em graves dificuldades, próximos da separação ou já separados.

"Um discernimento atento e vigilante." Esta frase do sacerdote, apesar de toda a positividade do relatório (não poderia ser de outra forma), explica o temor do desconhecido, ainda que existam testemunhos da ortodoxia, da humildade e da graça por conversões, curas etc. É o "extraordinário" que provoca medo, porque não se consegue compreender racionalmente. Afinal, no Evangelho, lemos que também os nazarenos, ao ouvirem aquilo que Jesus fazia, preocuparam-se: era um deles, era filho de José, o carpinteiro... Como podia ser? Mas o que "aquele compatriota" fazia não provinha da cultura de Nazaré, nem de nenhum outro lugar, mas do Pai que está nos céus. E isso era difícil de acreditar. E o mesmo se passava com Irmã Ermínia.

Em 1993, Dom Guglielmo Zannoni, que a acompanhava espiritualmente há cerca de quinze anos, solicitado pela superiora-geral a dar informações, escreve uma carta na qual, depois de haver dado algumas explicações sobre a atividade da Irmã, diz:

> É somente uma pequeníssima parte do ministério que desenvolve a Irmã, empenhada quase toda a semana a receber pessoas (cerca de setenta por dia), a quem duas vezes ao dia explica o Evangelho, sempre disponível e sorridente, apesar da idade e dos achaques que a atormentam. Eu a vi sempre assim. E admirei nela a simplicidade, a humildade e, sobretudo, a obediência a toda prova. Creio que a sua congregação deva agradecer ao Senhor por ter um membro desse gênero, que não pode senão atrair as bênçãos de Deus.[7]

É estupendo esse raio de luz positiva sobre uma pessoa colocada sempre sob os refletores para análise de seu trabalho; ainda mais vindo de um Sacerdote do Vaticano, doutor em Teologia, subsecretário da Congregação para o Clero, oficial da Secretaria de Estado, professor na Pontifícia Universidade Lateranense, autor de muitos verbetes da *Enciclopedia Cattolica* e da *Bibliotheca Sanctorum*, cônego da basílica de São Pedro no Vaticano... Enfim, não é um indivíduo sem importância que faz essas afirmações.

Estamos em 1994. Já se passou algum tempo desde que aconteceram os fatos narrados acima. Mas todos perguntam sempre, todos querem saber de Irmã Ermínia. Quer por afeto e veneração, quer por deveres pastorais, quer por

---

[7] *Epistolario*, Archivio storico FSP.

dúvidas, quer por desconforto e sofrimento, quer pelos motivos mais diversos.

Padre Walter Pasolini responde a uma carta do Bispo Guglielmo Zannoni que reside no Vaticano com vários encargos, como há pouco foi dito. Citemos alguns trechos:

> Em resposta ao seu pedido, relacionado a Irmã Ermínia, permito-me expor algumas considerações:
>
> 1) Antes de tudo agradeço cada dia, ao Senhor, por ter-me dado a possibilidade de descobrir esse dom da graça que é Irmã Ermínia, e de ter podido colaborar, através do ministério da confissão e do acompanhamento espiritual, com seu empenho cotidiano. Tal colaboração me fez conhecer os muitos casos, particularmente de pessoas casadas e famílias, que encontram na oração e no sacramento a coragem e a vontade de retomar o caminho espiritual da graça.
>
> 2) Se, desde algum tempo, o trabalho de Irmã Ermínia encontra na família (1994: Ano da Família) a melhor referência, são a mim encaminhados também muitos jovens, há muito distantes do Senhor, os quais, tocados pela oração e pelas palavras de Irmã Ermínia, voltam a Deus; outros jovens, ao invés, são orientados para uma clara busca vocacional de consagração ao Senhor.
>
> 3) No trabalho cotidiano da Irmã, ao qual acorrem de sessenta a oitenta pessoas por dia, de várias partes da Itália, nada pode ser referido a fenômenos mediúnicos ou mágicos: tudo é conduzido unicamente pela Palavra de Deus, pela oração, pelo convite a procurar o sacerdote para a confissão, para a Eucaristia, para uma orientação espiritual.

Obviamente, Dom Zannoni conhecia muito bem Irmã Ermínia, tendo sido seu confessor durante quinze anos, como ele mesmo afirma na carta à superiora-geral. Evidentemente quer conhecer também o pensamento de outros, especialmente de Padre Walter Pasolini, que fora encarregado pelo bispo de "monitorar" esse caso, embora com discrição.

"Como terá sido a experiência?", pergunta-se Zannoni, não sem divertida curiosidade. E se dirige diretamente a Padre Walter, que fora seu aluno nos anos de seminário. Como vimos, o pensamento de Padre Walter é muito indicativo sobre o trabalho apostólico de Irmã Ermínia. Não somente, mas, por ironia das coisas humanas, esse Padre, que fora encarregado de observar, ainda que "com discrição", agora se encontra de fato colaborando com a Irmã vigiada, e a seu serviço. E participa ativamente na pastoral dos jovens, dos casais, da família de que se ocupa Irmã Ermínia! É mesmo verdade que o Senhor escreve sempre reto por linhas tortas... E certamente se diverte muitíssimo observando as nossas tão rocambolescas quanto inúteis inquietações.

UMA PROFUNDA UNIÃO COM DEUS

Irmã Ermínia experimentava contínuos atos de benevolência por parte de Deus. Alguns têm aroma de "fioretti", e talvez nos façam sorrir por sermos tão "obstinados" pela racionalidade e incapazes de compreender a beleza de um pôr do sol ou do gorjeio de um pássaro, de imaginar as coisas do espírito. Acreditamo-nos tão sábios e evoluídos que sorrimos com superioridade.

Certa vez, Irmã Ermínia viu no jardim um pássaro com penas muito coloridas, mas, ao sentir-se observado, ele voou. A Irmã, desiludida, lamentou-se com o Senhor daquele modo espontâneo que conhecemos. Contudo, ao voltar a seu quarto, avistou-o no peitoril da janela, chilreando e esvoaçando. Ela, admirada, disse: "Pai, como o fizeste belo! Tu realmente te empenhaste ao criar esse passarinho assim colorido!". E o contemplou encantada e extasiada por tanta beleza.

Assim são os místicos. Imersos em Deus e imersos na vida concreta, capazes de colher também as menores alegrias da vida como dons do Alto e desfrutá-las! Mas coisas do gênero eram apenas breves intervalos poéticos para essa Irmã, diante de situações frequentemente dramáticas.

Certo dia, em Rimini, uma senhora lhe confiou, angustiada, que o marido, com um passado de vários delitos, estava no fim da vida, mas não queria confessar-se. Irmã Ermínia estava recebendo algumas pessoas e outras estavam esperando, mas imediatamente interrompeu o que estava fazendo e foi com a senhora ao encontro do marido moribundo. O homem, assim que a viu, lhe disse para ir embora imediatamente, porque não queria ser atormentado. Irmã Ermínia foi, mas então se deu conta de não ter invocado a ajuda de Deus. Afinal, é Deus quem opera, e não ela.

Concentrada nesses pensamentos, começou a rezar por aquele homem. No dia seguinte, voltou para encontrá-lo e, invocando ao Senhor que usasse de misericórdia, anotou no seu diário: "Jesus, recorda-te bem que ontem eu falei e não aconteceu nada. Hoje fala tu e realiza tu o que deve ser feito". E enquanto caminhava: "Jesus, recorda-te bem: eu não tenho língua. Fala tu". Na casa do homem, assim que ele a viu, disse: "Ontem era eu que não queria confessar-me, porque achei que a senhora tinha vindo para atormentar-me. Mas aquele lá a quem a senhora reza (Jesus), esta noite me atormentou demais. E devo confessar-me. Quer ouvir a minha confissão?". Irmã Ermínia explicou-lhe que ela não pode assumir esse encargo, que só pode ser exercido por um Sacerdote.

Então, chamaram um Padre e o homem se confessou e recebeu a Eucaristia. Pouco depois morreu serenamente.

Aquilo que surpreende e pode ser causa de riso é sempre aquele "acordo" firmado entre o Senhor e Irmã Ermínia, como aquele seu jeito franco e direto, sem preâmbulos, como quando veio a ela um casal. Era fim de fevereiro de 1981 e o tempo estava particularmente frio. Chovia a cântaros e com frequência também nevava. Os cônjuges deveriam partir, mas estavam preocupados com as condições do tempo e as muitas horas de viagem. Irmã Ermínia os encorajou a ir e os exortou a ter confiança no Pai celeste. Ela rezaria por eles.

Vejamos esta oração: "Tu, Pai, podes fazer como quiseres. Mas o que custa melhorar o tempo para esses dois, que moram tão longe e precisam voltar para casa?". Na mesma noite, ao chegar, o casal telefonou para Irmã Ermínia. Disseram-lhe, admirados, que durante a viagem tinha parado de chover e surgido o sol. Parecia um dia de primavera! E agradeciam o Pai celeste.

Também aqui, nessa oração, nota-se o seu modo particular de relacionar-se com Deus: uma confiança extrema. Uma fala coloquial, que não se usa senão com uma pessoa com quem se vive uma grande afeição. Uma mãe, uma esposa, uma irmã, um grande amigo pode permitir-se esse tom... mas outras pessoas não, absolutamente.

Certamente, essa forma de referir-se a Deus tinha a ver com o temperamento de Irmã Ermínia, mas é claro que também se devia à grande confiança em seu relacionamento com o Senhor, sobretudo pelo profundo vínculo interior vivido com ele. Um episódio pode esclarecer ulteriormente tal vínculo que demonstra essa intensa relação de amor. Ela sofria de úlcera no estômago havia muito tempo. E foi decidido que seria operada. Mas, no dia em que seria internada no hospital, os médicos constataram que a úlcera não existia mais: tinha desaparecido repentinamente. E não havia explicação clínica. A explicação lhe foi dada pela voz interior, que disse: "Tu sempre me disseste sim; desta vez sou eu que quero dizer sim para ti".

Também desse episódio se evidencia a grande familiaridade, a profunda intimidade entre o Senhor e Irmã Ermínia. Ela, de fato, experimenta, com muita frequência, uma profunda união mística com Deus. Certas páginas das suas cadernetas fazem pensar nos grandes místicos do passado.

> Depois desse período (de angústia, trevas interiores e busca de Deus), Jesus se incorporou em mim; sentia a sua Santíssima Pessoa e contemplava com os olhos do espírito que, de dois, éramos um só; ele dentro de mim e com a força do seu amor movia todas as potências da minha alma, suavizou o meu coração que, antes, era duro como uma pedra, e, sem nenhuma dificuldade, penetrei na sua essência divina. Compreendi o seu mistério de amor e provei na minha inteligência uma emoção intuitiva pelas coisas celestes. A Santíssima Paixão que sofríamos juntos nas duas pessoas unificadas, ele e eu, levava-me a concentrar-me na Santíssima Trindade, e o Espírito Santo tomava posse de todas as energias da minha alma: conduzia-me a uma progressiva divinização.[8]

E ainda:

> Não tinha intenção de escrever isto, mas o Senhor me fez compreender que deveria fazê-lo. Era a noite do último

---

[8] BRUNETTI, E. *Dialoghi spirituali*.

domingo do mês de julho de 1956. O Senhor apossou-se do meu ser de um modo muito doce, enchendo-me do seu amor, a ponto de não conseguir dormir. Permaneci duas horas nesse estado. Queimava-me, inebriando-me, feria-me tão potentemente que parecia que o coração explodiria a qualquer momento. "Meu Deus" exclamei: "Como é doce, suave e potente o teu amor, mas agora me deixa dormir, senão como farei amanhã?" (Naquela noite fora projetado um filme na comunidade e fomos dormir à meia-noite. Portanto, eram já duas da manhã).[9]

E a história continua através das densas linhas das suas cadernetas, que surpreendem cada vez mais a nós, pessoas "normais" e racionais. E, com frequência, descrentes diante daquilo que não compreendemos.

---

[9] Ibid.

VI

"MÃE DOS MEUS SACERDOTES"

"EU TE ESCOLHI"

Durante os anos em que se encontra em Albano Laziale, Irmã Ermínia escreve no seu diário:

> Com a licença do meu fundador, Padre Tiago Alberione, ofereci a minha pobre vida com Jesus ao Pai celeste para a santificação de todos os Sacerdotes do mundo; e, quando Deus me chamar a si, terei sempre para com seus Sacerdotes um amor particular, e eles poderão rezar por mim e sentir-me sua mãe, porque da minha parte, com a permissão de Deus, os escutarei e os protegerei sempre em cada perigo.

E conta como aconteceu a sua decisão: "De repente, senti uma voz interna que me disse: 'Queres tornar-te a mãe dos meus Sacerdotes? Para gerar esses filhos ao meu coração e ao meu amor, é necessário que almas se sacrifiquem. Queres?'".

E em outro dia Jesus lhe disse: "Quero que sejas minha esposa e mãe dos meus Sacerdotes".

Era como uma investidura em favor desses consagrados, tão caros a seu coração. E retornava com frequência a esse argumento:

Quero que sejas como uma mãe para os meus Sacerdotes. Mãe significa amor, abnegação, renúncia! Deverás possuir esses dons para os teus filhos. Eu amo os meus consagrados, eles estão no meu coração, mas, porque te escolhi como mãe deles, escuto as tuas orações. Quem consegue resistir às orações de uma mãe? Alguns sacerdotes são resistentes à minha ação, são obstinados. Para fazê-los voltar, é preciso muitas mães que se ofereçam em sofrimento.[1]

Vê, a maioria dos teus filhos é dominada mais pelo medo do que pelo amor. Quero o contrário, isto é, que fossem dominados mais pelo amor, pela confiança e pela fé viva; que me sentissem não somente como juiz, mas como Pai bom, misericordioso. Se soubessem o quanto penso neles e os amo, morreriam de alegria, mas não compreendem![2]

Irmã Ermínia continuava a rezar, a oferecer seus sofrimentos aos sacerdotes, que já considerava "seus filhos", segundo o desejo expresso do Senhor. Mas, de vez em quando, lhe surgia a dúvida se não estaria enganada, especialmente sobre aquilo que escrevia sobre os sacerdotes.[3]

Naquele período, um grupo de Sacerdotes de Mântua foi a San Giovanni Rotondo encontrar-se com Padre Pio. E ela aproveitou a ocasião para mandar a ele uma carta, onde expressava as suas dúvidas e perplexidades. Irmã Ermínia não conhecia Padre Pio, mas sabia da fama de homem de Deus da qual o frade desfrutava e quis consultá-lo. Quando o grupo

---

[1] *Quaderno*, Archivio storico FSP.

[2] Ibid.

[3] Cf. BRUNETTI, E. *Dialoghi spirituali*.

de Sacerdotes voltou, disseram-lhe que não houve resposta porque Padre Pio havia dito que a resposta lhe seria dada pessoalmente.

Certa noite, quando já estava deitada e pensava que Padre Pio ainda não lhe havia dado resposta, viu um frade sentado aos pés de seu leito. Admirada que àquela hora um frade tivesse entrado em casa, olhava fixamente para ele. O frade, sorrindo, lhe disse: "Não havia prometido que viria pessoalmente dar-lhe a resposta? Continue a escrever, porque o Senhor está muito contente com o que você está fazendo".[4]

Certo dia, enquanto rezava, o Senhor a fez entender que um jovem Sacerdote, que frequentava a livraria, estava pensando seriamente em deixar o sacerdócio porque estava interessado em uma mulher. Irmã Ermínia começou a rezar por ele, e uma noite, antes de adormecer, o recomendou novamente ao Senhor. Naquele momento, sentiu-se tomada em seu espírito, transportada, e se viu no lugar onde estava aquele sacerdote. Estava diante dele, atormentado pelo pensamento de abandonar tudo. E lhe disse: "Deus o chamou. Não foi você, mas ele que o escolheu. Por que não reza? Um Sacerdote sem oração é como uma planta seca". E lhe contou tudo o que ele tinha feito. Depois se sentiu novamente tomada em seu espírito e levada para sua cama. Era noite. Quatro dias depois, o Sacerdote entrou na livraria. Olharam-se mutuamente sem se falar, mas ambos compreenderam que guardavam o mesmo segredo. Passaram-se seis meses até que Irmã Ermínia lhe contasse aquilo o que tinha acontecido naquela noite. Ele se comoveu com a bondade do Senhor e chorou de alegria. Foi o

---

[4] É uma das tantas bilocações que se contam a respeito de Padre Pio.

primeiro Sacerdote que a Irmã salvou, depois de ter oferecido sua vida ao Senhor pelos sacerdotes.[5]

Irmã Ermínia tinha dúvidas sobre o que havia escrito a respeito das próprias experiências interiores, ainda que o tivesse feito por ordem dos seus orientadores espirituais.[6]

> Dia 24 de janeiro – 7 de fevereiro de 1958. Permaneci assim alguns dias, e o Senhor veio a mim enquanto atendia as pessoas na livraria. Apresentou-se como uma pessoa, a quem eu não via, somente ouvia, e me disse: "Quanto são caras ao meu coração as pessoas que obedecem e veem a minha vontade nas ordens dos superiores e orientadores. Por que te deixas vencer pelas dúvidas e não obedeces com espírito sobrenatural aos teus orientadores? Sabes que eles são eu e eu sou eles. Aquilo que te dizem é a minha vontade. As graças que te dou não são apenas para ti, mas, sobretudo, para os teus filhos sacerdotes. Tendo-te feito mãe deles, deves dispensá-las a eles. Eis por que tenho inspirado os teus orientadores a fazer-te escrevê-las. Darás a estas páginas o título: *Contatos de amor entre Deus e a criatura*. Desenharás dois anéis unidos um no outro e escreverás em cima.[7]

---

[5] Cf. ZANNONI, G. *Testimone della misericordia del Padre*, pp. 52-54.

[6] É preciso recordar que Irmã Ermínia deveria escrever tudo aquilo que experimentava espiritualmente por ordem dos seus confessores. Por isso, hoje, conservam-se no arquivo muitos cadernos onde anotava, com caligrafia pequena e precisa, as suas experiências interiores.

[7] No caderno, neste ponto, existe o desenho feito com a caneta esferográfica e a frase escrita nos dois círculos que se cruzam.

Não entendi o que o Senhor queria dizer com aquilo e lhe perguntei, mas ele não respondeu e continuou: "O Apóstolo, permanecendo estreitamente unido ao seu Deus, produzirá muito fruto. Eu, Trindade divina, o amo como a pupila dos meus olhos, o identifico comigo e ele, divinizado e incorporado em mim, receberá uma potência e uma graça que como ímã atrairá todos a mim. Quanto mais uma alma se torna íntima de mim, seu Deus, mais compreenderá os meus segredos de amor. A alma do Apóstolo não encontra repouso e não produz fruto senão em mim".

[...] "Eis os efeitos que produzem a obra e a palavra do Apóstolo que vive dessa íntima união divina, trinitária de amor. Ela transforma tudo o que é humano em divino. Como o fio da luz e da lâmpada, estando unidos à corrente, iluminam as trevas da noite, assim o Apóstolo, estando unido a mim, força e corrente divinas, irradia o mundo inteiro com o esplendor do seu Senhor". E num outro dia disse: "Eu sou a santidade, a verdade e o amor. Deixem-se guiar pelo meu espírito divino. Sou eu que movo o seu interior e, como fogo de amor, queimo a alma de vocês, conduzindo-as a mim. Não contradigam a minha obra, senão o meu espírito se calará. Sejam sensíveis ao meu toque. Sou eu o mestre do seu interior, aquele que procede do Pai e do Filho. Sou aquele que penetra a inteligência, vivifico o espírito, derramando sobre vocês a minha ciência divina, inspirando-os sempre o que é aceito pelo nosso Coração Trinitário, formando em vocês "Deus", substância de toda santidade. Se forem dóceis à minha graça, serei ativo e trabalharei no seu interior, fazendo surgir dentro de vocês uma fonte de vida que vivificará a vocês e às almas que se aproximarem de vocês".[8]

---

[8] *Quaderno*, Archivio storico FSP.

Uma vez lhe foi dito:

> Sofrerás por duas noites seguidas, durante algumas horas, a minha paixão. Eu a imprimirei forte em ti e serás crucificada comigo; os pregos penetrarão as tuas mãos e os teus pés não com um golpe único, mas pouco a pouco, com golpes de martelo, como foram martelados em mim. Sentirás os músculos e os nervos alongarem-se e romperem, a carne se rasgará, o sangue escorrerá abundantemente e se coagulará como aconteceu ao meu corpo pouco antes de morrer. Serás atormentada por fortes dúvidas, e por outras tentações. Tudo isso oferecerás a mim, em benefício de teus filhos sacerdotes. Depois, farei com que saboreies a alegria daqueles que me servem com grande fervor e amor. A mãe também tem alegrias e consolações por seus filhos.

Irmã Ermínia afirmava que experimentou tudo como lhe fora dito. Mas a sua alegria foi imensa quando viu aqueles Sacerdotes que serviam ao Senhor e formavam uma só coisa com ele. Conhecia alguns, mas outros não, e eram muitíssimos.

> Fiquei feliz ao vê-los possuídos inteiramente por Deus, que me disse: "Quanto mais avançar nos anos, mais imprimirei em ti a maternidade por estes filhos adotivos. Oferecer-te-ás generosamente sem reservas para ajudá-los, e eu os transformarei numa única hóstia e os oferecerei incorporados em mim ao Pai celeste, irradiados e divinizados pelo meu Espírito Santo, que é Espírito de verdade e de amor, e formarão assim uma só coisa com ele. O Pai em nós e nós no Pai".

E ainda:

> "Quero que os teus filhos (sacerdotes) me sintam, vivam de mim, do meu Espírito, e compreendam bem que somente unidos a mim, vida de vida eterna, fonte de água viva e abundante, recebem força e graça para transformar, converter, guiar o rebanho a eles confiado ao nosso redil divino."[9]

Outro dia Jesus lhe disse:

> "Quero que os meus sacerdotes celebrem sempre bem a Eucaristia com espírito sobrenatural, e me sintam vivo e verdadeiro toda vez que desço sobre os altares e o coração deles. Eu ardo de amor por eles e queria ser retribuído. Durante a celebração da missa, os sacerdotes são poderosos. Eu os incorporo perfeitamente a mim e eles se tornam eu mesmo. A oração deles não é mais humana, mas divina, portanto poderosa e eficacíssima, porque estão incorporados a mim. Oferecidos ao Pai por nós: segunda e terceira pessoa da Santíssima Trindade, junto com todas as intenções deles, os apresentamos não como escravos do pecado, mas como filhos adotivos do Pai, transformados em *alter Christus*."[10]

E Irmã Ermínia aos Padres:

> Sintam o toque de Deus na sua vocação e inspirem-se na Bíblia, com força e coragem eclesial transmitam às pessoas a santidade de Deus. Sejam enamorados de

---

[9] Ibid.

[10] Ibid.

Deus para infundir nas pessoas a sua realidade divina, esperando com fé verdadeira o triunfo da sua graça nelas. Amadureçam no seio da Igreja a sua identidade sacerdotal na unidade da fé, na esperança e na caridade, fazendo convergir todas as suas forças para Deus, irradiar a imagem de Cristo através da matéria, para que esta assimile a sua forma.

O Verbo de Deus se insere no contexto humano para unificá-lo e recapitulá-lo em si mesmo. Torna-se, assim, Verbo encarnado e promotor do desenvolvimento humano, razão de ser da própria Encarnação. Concentrem todas as suas forças em Deus, em Cristo autor da graça, que apresenta, ao Pai, a pessoa divinizada. Cristo desceu até aos infernos para depois subir ao céu e salvar-nos, e quer que também nós desçamos até as entranhas da nossa matéria e do nosso nada, para fazer-nos subir à unificação espiritual com ele, porque Deus, superando a nossa matéria com o seu Espírito, a envolve e diviniza. E o ser humano não é um elemento perdido na solidão cósmica, mas espírito e matéria; duas faces da mesma realidade que colaboram juntas com Deus para a salvação das pessoas.[11]

Também para Irmã Faustina Kowalska, o Senhor confia o seu desvelo afetuoso de misericórdia para todos, e também a ela entrega mensagens aos Sacerdotes:

> Desejo que os meus sacerdotes anunciem esta minha misericórdia. O pecador não tenha medo de aproximar-se de mim. Mesmo que a pessoa seja como um cadáver em plena putrefação, que humanamente não houvesse

---

[11] *Da messaggi ai sacerdoti*, manoscrito, Archivio storico FSP.

mais remédio, não é assim diante de Deus. O fogo da misericórdia me consome, desejo acendê-lo no coração das pessoas. Eu sou todo amor e misericórdia. Uma pessoa que confia em mim é feliz, porque eu mesmo me encarrego de cuidar dela. Nenhum pecador, mesmo que fosse um abismo de abjeção, jamais esgotará a minha misericórdia, porque quanto mais se afasta de mim mais esta aumenta. Filha minha, não pare de anunciar a minha misericórdia; fazendo isso darás refrigério ao meu coração consumido pelas chamas da compaixão pelos pecadores. Como me aflige dolorosamente a falta de confiança na minha bondade! Ainda que os seus pecados fossem escuros como a noite, voltando-se para a minha misericórdia, o pecador me glorifica e honra a minha paixão. Na hora da sua morte, o defenderei como a minha própria glória. Quando a pessoa exalta a minha bondade, Satanás treme diante dela e foge até o profundo do inferno. O meu coração sofre porque também as pessoas a mim consagradas ignoram a minha misericórdia e me tratam com desconfiança. Como me ferem! Se não acreditam nas minhas palavras, acreditem ao menos nas minhas chagas.[12]

APOSTOLADO EM TODO LUGAR

O Senhor refere-se em várias ocasiões à Família Paulina, a qual pertencem os Padres Paulinos:

"Os meus escritores paulinos devem ser maciços e graníticos, unidos entre si e comigo, ajudando-se mutuamente

---

[12] *Diario di suor Faustina Kowalska*, Cittá Del Vaticano: LEV, 2001.

e trocando ideias entre si; se fizerem assim, receberão o meu abundante Espírito e eu estarei no meio deles, os guiarei nas suas cruzes, iluminarei as suas mentes e inebriarei os seus corações, inflamando-os do meu amor."[13] Depois o Senhor me disse: "A estas novas congregações paulinas darei muito mais vida interior, daquela que dei aos eremitas e aos conventos de clausura. Farei que me sintam e me amem tanto nas praças quanto na igreja, sendo sua missão ativa e adaptada aos tempos; senão fizesse assim divagariam muito, mas infundirei nelas muita vida interior para transformá-las em mim e divinizarei as suas obras, a fim de que produzam frutos abundantes e salvação para as pessoas".

E ainda:

As Famílias Paulinas as quero universais, porque seu campo de apostolado, que é o meu, deve abraçar o mundo inteiro. Vão e anunciem com todos os meios modernos o meu Reino, que é Reino de paz, de amor e de alegria eterna, e estarei com vocês e abençoarei todas as suas iniciativas. Não são vocês, mas eu que atuo em vocês; eis por que tu viste o meu Espírito que atuava nas pessoas; isso para fazer com que vocês vejam que, com os meios que lhes mando, as suas obras, as suas iniciativas são divinizadas com a minha graça que jamais faltará, se vocês corresponderem, e unidos salvaremos muitas pessoas e as transformarei todas em mim. Somente no paraíso compreenderão isso.

---

[13] *Quaderno*, Archivio storico FSP.

Entre as graças obtidas por Irmã Ermínia, Dom Zannoni cita também a da conversão do jovem empreendedor Vicenzo Rossi, depois Sacerdote. É interessante o percurso desse jovem antes de se tornar Padre.

Vicenzo Rossi trabalhava em Milão com Silvio Berlusconi no campo imobiliário. Depois, abriu uma empresa que se tornou uma das mais famosas da cidade. Tudo ia muito bem. Mas as coisas mudaram repentinamente. Tinha 37 anos. Uma manhã, indo para o escritório, tropeçou e caiu. A cabeça lhe girava, sentiu um mal-estar estranho, a ponto de ter medo de tudo: de caminhar, trabalhar, ficar sozinho. O médico, depois de rigorosos exames, declarou que não tinha nada, era estafa. Bastaria uma semana de repouso para resolver tudo. Em vez disso, aquele mal-estar durou sete anos consecutivos. Consultou psiquiatras, vários especialistas de doenças nervosas. Nada. Em seis meses, encontrou-se paralisado na cama. Depois de algum tempo melhorou, mas não conseguia movimentar-se sozinho. A sua mãe o acompanhava. Ia ao escritório, mas conseguia fazer pouca coisa. O seu sócio e os amigos procuravam ajudá-lo, mas as coisas não mudavam.

A mãe ouviu uma amiga falar de Irmã Ermínia, e ficou curiosa, mas talvez também com um fio de esperança foi encontrar a Irmã, a quem expôs a situação do filho. O problema, porém, era levar o filho, que havia abandonado qualquer prática religiosa e, além disso, tinha antipatia pelas Irmãs.

Irmã Ermínia lhe disse para não se preocupar: ela o chamaria. De fato, uma noite Vicenzo sonha com uma Irmã pequena e gentil que o chama. Pela manhã, pergunta a sua mãe quem seria aquela Irmã... Assim, vão encontrar-se com Irmã Ermínia, mas com a ideia de ir como se vai a tantos médicos e curandeiros, como os que já tinham visitado. Mas não foi assim. Era o mês de agosto de 1983.

O encontro com a Irmã desarmou o jovem, e caíram por terra todos os seus preconceitos. É ele quem conta:

> Cheguei naquelas condições em que me encontrava. Sentia-me agitado, e não me recordo se estava quase por desmaiar. Ela segurou minhas mãos, a sua voz me acalmou e tive um pouco de paz. Disse-me que tinha rezado por mim e que o Senhor iria me ajudar. Eu deveria rezar, mas, para a cura, seria necessário tempo.

Vicenzo não acreditava que a oração pudesse curá-lo, todavia, voltou mais vezes para encontrar-se com Irmã Ermínia. O tempo passava; chegou o mês de março do ano seguinte. Irmã Ermínia, um dia, lhe disse que no verão poderia ir sozinho à praia, deu-lhe um terço e recomendou que ele recorresse a Nossa Senhora toda vez que sentisse medo.

Chegou o verão e Vicenzo foi à praia tranquilamente. Após quase um ano do seu encontro com Irmã Ermínia, estava perfeitamente curado! Todos os seus medos desapareceram, estava em forma. Em contato com a religiosa, tinha descoberto o Senhor como Pai amoroso e vivia na alegria da fé renovada.

Agora era necessário pensar no futuro.

Mas não tinha ideia de como orientar-se, nem pensava em formar uma família. Em um dos encontros com Irmã Ermínia, ela lhe diz: "Se você não quer casar, poderia ser padre". Para Vincenzo, a ideia pareceu absurda, mas, com o tempo, percebeu que aquela ideia "absurda" adquiria um lugar cada vez maior em sua mente e em seu coração.

Um dia perguntou para Irmã Ermínia se os seus 40 anos completos não eram impedimento para entrar no seminário; ela lhe respondeu que na vinha do Senhor se entra a qualquer hora, o importante é estar pronto, mas que ele deveria esperar ainda um pouco. Vicenzo, pela confiança que tinha nela, não retrucou. Passado não muito tempo, numa manhã a Irmã lhe diz que o Senhor lhe tinha feito entender que agora estava pronto: podia ir falar com o Bispo.

Vincenzo cessa a sua atividade imobiliária e entra no seminário.

Irmã Ermínia continuou a segui-lo e lhe recomendava sempre que se dirigisse a Nossa Senhora e ao Pai celeste ao pedir alguma coisa. "Sabe", dizia, "ele sente tanto prazer quando os seus filhinhos lhe pedem qualquer coisa, porque é nosso Pai...".

E amava usar uma linguagem materna, quase carinhosa, em certas ocasiões. Para Vincenzo, dizia: "Tu és o meu filhinho".

Terminados os estudos teológicos em Bolonha, Vincenzo foi ordenado Diácono em 1992 e tornou-se Padre em 1993. Ele conta:

> Irmã Ermínia esteve sempre presente, na igreja, em todas as minhas ordenações. O seu "padreco" agora era Sacerdote para sempre, "segundo a ordem de Melquisedec", assim como ela me tinha visto, desde a primeira vez que coloquei os pés na sua casa de oração, em Rimini.[14]

---

[14] Cf. Testemunho escrito do próprio Padre Vincenzo Rossi, resumido pela autora.

VII

A MISERICÓRDIA DO PAI

UM LONGO CAMINHO DE MISERICÓRDIA

Uma manhã, durante a meditação, Irmã Ermínia Brunetti contemplava a Santíssima Trindade. De repente lhe aconteceu o seguinte:

> O Pai mostrou-se pleno de amor e me disse: "Por que tens medo de mim?". "Senhor", exclamei, "na lei antiga me parecias severo e, lendo aquele trecho 'olho por olho e dente por dente', me amedrontei muito e procurava fugir de ti. Perdoa, meu Deus, a minha grande ignorância!". "Eu sou o teu Pai que está nos céus e tenho grande cuidado por todas as minhas criaturas, mas especialmente por vocês, seres humanos, e, em particular, por quem se consagra a mim e se abandona ao meu beneplácito. Vem, não tenhas medo, abandona-te a mim". E dizendo assim me apertou fortemente a si e me fez compreender o grande amor que nutria pelas suas criaturas. E continuou: "Eu sou o teu Deus onipotente, mas, sobretudo, sou o Pai misericordioso".

Deus continuou salientando que é, sobretudo, Pai e a sua misericórdia é para todos os seus filhos, ninguém fica excluído. Este conceito de Pai misericordioso foi repetido com frequência para Irmã Ermínia.

Um particular importante de notar nas revelações de alguns místicos contemporâneos – seja Santa Faustina Kowalska, seja Irmã Ermínia Brunetti, Gabrielle Bossis e outros – é que as mensagens não são apenas para essas pessoas privilegiadas, mas são dirigidas a todos: todos somos privilegiados pelo amor de Deus Pai; todos somos objeto de sua ternura paterna. De fato, enquanto se revela a uma pessoa em particular, fala no plural para todos nós.

A Gabrielle Bossis a voz interior dizia: "Tudo isso que digo a uma pessoa é para todas... Todas. Ah, se soubessem do meu amor a cada uma delas... Acredita nesse amor. Desfruta-o!".

Essas revelações são como rios de graças que o Senhor deixa escorrer no terreno do coração humano, com frequência endurecido. Talvez seja necessária uma nova corrente de vida para restabelecer o vigor de tudo o que definha debaixo do peso das atitudes, do desânimo de uma fé e de uma esperança debilitadas. E, então, a misericórdia de Deus busca sempre meios novos para chegar a todos os seus filhos. A esse respeito Irmã Ermínia Brunetti escreve que o Senhor fez falar até a mula de Balaão... para demonstrar o quanto são inadequados os meios humanos diante do amor misericordioso de Deus por nós. E, apesar disso, serve-se deles para os seus projetos de salvação.

De fato, esses meios humanos "inadequados" sempre funcionam, porque se deixam utilizar pela graça na confiança e no abandono total, em benefício de todos os irmãos. São essas pessoas privilegiadas que o Senhor escolhe de vez em quando, segundo as necessidades dos seus filhos. Nós não conhecemos as correntes de graças que atravessam o mundo e sustentam a esperança e a fé de muitas pessoas. No entanto, alguém certamente paga a conta.

"Por que vosso mestre come com os publicanos e pecadores?", perguntaram os fariseus aos discípulos de Jesus. Na realidade, estavam escandalizados com Jesus porque ele tinha ido almoçar na casa de Mateus, o publicano. Quando ele soube, respondeu: "Não são as pessoas com saúde que precisam de médico, mas as doentes". E, citando uma passagem do profeta Oseias, acrescenta: "Ide, pois, aprender o que significa: 'Misericórdia eu quero, não sacrifícios'. De fato, não é a justos que vim chamar, mas a pecadores" (Mt 9,11-13).

É admirável essa declaração de Jesus. Aliás, todo o Evangelho é um canto de misericórdia. E será por essa misericórdia que ele morrerá na cruz.

O pontificado do Papa Francisco está muito fundamentado na misericórdia de Deus, na sua paternidade, no seu amor que nos salva. O Papa não perde a ocasião para apresentar essa misericórdia de Deus nos confrontos humanos, a sua benevolência que inspira confiança num Deus visto como realmente é: Pai de todos, que acolhe todos e não rejeita ninguém.

Às vezes, enquanto o Pontífice fala, surgem como pérolas breves frases, quase a confidenciar a todos uma convicção pessoal sua:

> O Senhor não se cansa jamais de perdoar-nos, somos nós que nos cansamos de pedir perdão! Ele é Pai amoroso que sempre perdoa, que tem aquele coração de misericórdia para todos nós. E também nós aprendemos a ser misericordiosos com todos.

E ainda:

> Isto é importante: a coragem de confiar-me à misericórdia de Jesus, de confiar na sua paciência, de refugiar-me sempre nas feridas do seu amor.

Como é bela essa realidade da fé para a nossa vida: a misericórdia de Deus! Um amor assim grande, assim profundo como aquele de Deus por nós, um amor que não diminui, mas sempre segura a nossa mão e nos socorre, nos levanta, nos guia.

E, com a misericórdia, a esperança. "Não deixem roubar a esperança de vocês", disse aos jovens, mas o repete a todos, sempre que surge uma oportunidade. Com efeito, é a justamente a misericórdia de Deus que alimenta a nossa esperança, que deixa entrever um raio de luz quando tudo a nosso redor está escuro.

Mas, diante desse canto de misericórdia, assim repetido nas palavras do atual Pontífice, existe um passado de convites insistentes por parte de outros Papas que convidavam a confiar na misericórdia de Deus, solicitados também por eventos particulares.

Em 1980, João Paulo II escreveu a sua segunda encíclica toda centrada sobre a misericórdia: *Dives in misericordia*, Deus rico em misericórdia! No número dois se lê:

> Em Cristo e por Cristo, Deus com a sua misericórdia torna-se também particularmente visível; isto é, põe-se em evidência o atributo da divindade, que já o Antigo Testamento, servindo-se de diversos conceitos e termos, tinha chamado "misericórdia". Cristo confere a toda a tradição do Antigo Testamento quanto à misericórdia divina um sentido definitivo. Não somente fala dela e a explica com o uso de comparações e parábolas, mas, sobretudo, ele próprio a encarna e personifica. Ele próprio é, em certo sentido, a misericórdia. Para quem a vê nele – e nele a encontra – Deus torna-se particularmente "visível" como Pai "rico em misericórdia".

A mentalidade contemporânea, talvez mais do que a do homem do passado, parece opor-se ao Deus de misericórdia e, além disso, tende a separar da vida e a tirar do coração humano a própria ideia da misericórdia. A palavra e o conceito de misericórdia parecem causar mal-estar ao ser humano, o qual, graças ao enorme desenvolvimento da ciência e da técnica, nunca antes verificado na história, se tornou senhor, subjugou e dominou a terra. Tal domínio sobre a terra, entendido por vezes unilateral e superficialmente, parece não deixar espaço para a misericórdia.

A pessoa, na sua falsa segurança de objetivos técnicos e científicos alcançados, corre o risco de esquecer o seu mundo de proveniência, aquele "façamos o ser humano a nossa imagem e semelhança" do Gênesis. O ser humano tem origem divina, semelhante ao seu Criador, que, rico de misericórdia, segue o seu caminho, embora acidentado e até degredado.

Outro evento importante aconteceu no dia 30 de abril de 2000, quando o Pontífice instituiu a Festa da Divina Misericórdia, fixando-a no calendário da Igreja universal no primeiro domingo depois da Páscoa.

O culto da Divina Misericórdia está particularmente ligado a Santa Faustina Kowalska[1] e às aparições de Jesus misericordioso. A Irmã polonesa recebeu pela primeira vez esta revelação de Jesus em 1931:

> Desejo que se faça a festa da Misericórdia. Quero que a imagem, que pintarás com o pincel, seja solenemente

---

[1] Irmã Faustina Kowalska, jovem polonesa (1905-1938), canonizada em Roma no dia 30 de abril de 2000.

abençoada no primeiro domingo depois da Páscoa; esse domingo deve ser a festa da Misericórdia. Desejo que os sacerdotes anunciem a minha grande misericórdia. O pecador não deve ter medo de aproximar-se de mim.[2]

No mesmo dia da oitava da Páscoa, no qual foi instituído o Dia da Divina Misericórdia, o Pontífice também canonizou Irmã Faustina Kowalska. O Papa Wojtyla era muito devoto dessa Santa, não somente porque era sua conterrânea, mas também porque certamente a considerava uma testemunha privilegiada da misericórdia do Senhor. E talvez as mensagens de Jesus misericordioso não fossem desconhecidas à decisão do Pontífice de escrever uma encíclica sobre a misericórdia divina.

Da homilia para a canonização de Irmã Faustina Kowalska:

> "Louvai o Senhor, porque Ele é bom, porque é eterno o seu amor" (Sl 118,1). Assim canta a Igreja na Oitava de Páscoa, como que recolhendo dos lábios de Cristo estas palavras do Salmo, dos lábios de Cristo ressuscitado, que no Cenáculo traz o grande anúncio da misericórdia divina e confia aos apóstolos o seu ministério: "A paz seja convosco! Assim como o Pai me enviou, também eu vos envio a vós... Recebei o Espírito Santo. Àqueles a quem perdoardes os pecados, ser-lhes-ão perdoados; àqueles a quem os retiverdes, ser-lhes-ão retidos" (Jo 20,21-23).
> [...] A misericórdia divina atinge os homens através do Coração de Cristo crucificado: "Minha filha, dize que sou o Amor e a Misericórdia em pessoa", pedirá Jesus à Irmã Faustina (*Diário*, 374). Cristo derrama esta

---

[2] *Diario di suor Faustina Kowalska*, 22 de fevereiro de 1931.

misericórdia sobre a humanidade mediante o envio do Espírito que, na Trindade, é a Pessoa-Amor.
[...] Cristo ensinou-nos que "o ser humano não só recebe e experimenta a misericórdia de Deus, mas é também chamado a *ter misericórdia* para com os demais. 'Bem-aventurados os misericordiosos, porque alcançarão misericórdia' (Mt 5,7)". Depois, ele indicou-nos as múltiplas vias da misericórdia, que não só perdoa os pecados, mas vai também ao encontro de todas as necessidades das pessoas. Jesus inclinou-se sobre toda a miséria humana, material e espiritual.[3]

Durante o sufrágio do Papa João Paulo II, no dia em que seria celebrado pela primeira vez o "Domingo da Divina Misericórdia", o Arcebispo Sandrini leu à multidão congregada na praça de São Pedro a última alocução preparada com antecedência pelo Papa, que falecera no dia anterior. Ele desejava pronunciá-la no encontro tradicional da hora do *Angelus*:

> À humanidade, que no momento parece desfalecida e dominada pelo poder do mal, do egoísmo e do medo, o Senhor ressuscitado oferece como dom o seu amor que perdoa, reconcilia e abre novamente o ânimo à esperança. Quanta necessidade tem o mundo de compreender e de acolher a Divina Misericórdia!
> Senhor, que com a tua morte e ressurreição revelas o amor do Pai, nós cremos em ti e com confiança te repetimos no dia de hoje: Jesus eu confio em ti, tem misericórdia de nós e do mundo inteiro!"[4]

---

[3] JOÃO PAULO II. Homilia pela canonização de Irmã Faustina Kowalska, 30 abril 2000.

[4] JOÃO PAULO II, *Regina Caeli*, 3 de abril de 2005

No ano seguinte, Bento XVI afirmou: "o culto da Divina Misericórdia não é uma devoção secundária, mas dimensão integrante da fé e da oração do cristão".[5]

Estando nesses eventos, nota-se uma intenção particular à Divina Misericórdia por parte do Magistério. Será porque o mundo hoje tem mais necessidade dela do que nunca, visto a confusão e a perda dos valores fundamentais que se verificam nas modernas sociedades, que não têm mais um ponto de apoio. Ora, a Divina Misericórdia oferece justamente aquele ponto de apoio do qual tem necessidade quem está desorientado, quem não espera mais.

UM DEUS "MENDIGO DE AMOR"

Irmã Ermínia tinha recebido de Deus a missão de fazer as pessoas conhecerem a sua misericórdia, o seu amor de Pai que quer salvar a todos, "também os insalváveis". Esta expressão certamente nos lança alguns questionamentos.

Refletindo sobre a revelação do Senhor a respeito de "salvar os insalváveis", vem à mente um episódio, de alguns anos atrás, que se tornou um evento público na Itália e no exterior.

Na Quinta-feira Santa de 1958, numa igreja da província de Mântua, na cidade de Bozzolo, o Padre Primo Mazzolari assombrou seus paroquianos. De fato, na sua homilia, chamou a Judas de "nosso irmão". Não somente, mas surpreendeu a Itália inteira, porque a sua homilia sobre Judas repercutiu em milhares de discos de vinil (os de 33 rotações, da época) que literalmente invadiram a península e também acabaram no exterior. Seria necessário ler aquela homilia inteira para colher verdadeiramente os reflexos de graça e de misericórdia. Mencionemos somente algumas frases:

---

[5] BENTO XVI, *Regina Caeli*, 23 de abril 2006.

[...] Eu também quero bem a Judas, que é meu irmão. Rezarei por ele nesta tarde, porque eu não o julgo, não condeno; deveria julgar a mim, deveria condenar a mim. Não posso pensar que também para Judas a misericórdia de Deus, esse abraço de caridade, aquela palavra "amigo", que lhe disse o Senhor enquanto ele o beijava para traí-lo, não posso pensar que essa palavra não tenha aberto uma vereda em seu pobre coração. E talvez, no último momento, recordando aquela palavra e a aceitação do beijo, também Judas terá sentido que o Senhor ainda lhe queria bem e o tinha junto de si, como os outros. Talvez Judas tenha sido o primeiro Apóstolo a entrar no paraíso junto com os ladrões. Uma comitiva que certamente parece não honrar o Filho de Deus, como o imaginamos, mas que é uma grandeza da sua misericórdia!

É surpreendente que Padre Mazzolari inclua, no seu canto de misericórdia, também o outro ladrão, que, normalmente, se exclui da salvação. São "fragmentos proféticos" que não podem ser desvalorizados. O Espírito sopra sempre, como e onde quer, "... e ouves a sua voz, mas não sabes de onde vem, nem para onde vai" (Jo 3,8).

Jesus não cessou de demonstrar a sua misericórdia em todo o Evangelho, e os evangelistas frequentemente salientaram esse aspecto misericordioso do Mestre. É significativo e reconfortante recordar o que Jesus disse um dia, talvez observando a vida de privações dos seus contemporâneos:

> Vinde a mim, todos vós que estais cansados e carregados de fardos, e eu vos darei descanso. Tomai sobre vós o meu jugo e sede discípulos meus, porque sou manso e humilde de coração, e encontrareis descanso para vós. Pois o meu jugo é suave e o meu fardo é leve (Mt 11,28-30).

Nestas frases observa-se um Jesus verdadeiramente humano e compreensivo, cheio de misericórdia diante das fadigas cotidianas, que oferece a sua ajuda nas inevitáveis cruzes da vida. E se faz companheiro de caminho.

Sem dúvida, os tempos vão amadurecendo em direção a uma maior descoberta da misericórdia de Deus nesta nossa época. É provável que Deus, na sua ternura de Pai, esteja observando todas as catástrofes que o ser humano é capaz de produzir em prejuízo da sua própria espécie... e procure oferecer um porto de salvamento a esta humanidade à deriva em tantas frentes.

Considerando as tragédias inomináveis do século XX, com as suas guerras, genocídios, massacres e inumeráveis injustiças, diante das guerras e violências desconcertantes dos nossos dias, que afligem e destroem vidas humanas em tantos países do mundo, parece ter razão o antigo adágio latino: *Homo homini lupus est*: "o homem é o lobo do homem". Mas isso está além da racionalidade humana, do nível evolutivo da humanidade a que chegou o *homo sapiens*. Sobretudo, está além da lógica do Evangelho e da misericórdia de Deus para o ser humano.

Ao contrário, Deus se revela sempre mais misericordioso. Porque o seu plano redentor é, sobretudo, de misericórdia e perdão. Mas espera a aceitação por parte do ser humano. E manda os seus mensageiros, os místicos, para dizer e redizer ao mundo, a esses seus filhos distraídos, cansados, inchados de poder e arrogância, embriagados pelas guerras e violências, drogados de nada...

É difícil resistir a uma oferta de amor, perdão e acolhimento. Mas o ser humano também é capaz disso. E o Pai misericordioso não se cansa de esperar que esses tantos filhos pródigos e esbanjadores de dignidade... retornem aos seus braços de Pai. Porque Deus tem saudade dos seus filhos, como o pai do filho pródigo (cf. Lc 15,11-32), e espera que o filho siga pela estrada do retorno para reavê-lo são e salvo em sua casa. E perscruta o horizonte, esperando que aquele filho necessitado de misericórdia apareça...

Todo o mundo tem necessidade de misericórdia. Mesmo as guerras, mesmo a violência têm necessidade de misericórdia, para deixar de enredar o ser humano e impedir-lhe um percurso de vida aceitável sobre esta terra. Mas o engano do ser humano é não reconhecer que tem necessidade de Deus. Os progressos da ciência e da técnica estenderam um véu de neblina sobre sua origem divina... encobrindo a falta de "conexão" com o divino. O tempo da vida terrena é muito breve para a grandeza humana! Somos "programados" para uma vida que jamais acabará.

É bom considerar isso.

Certo, para a nossa fé, é importante acreditar na misericórdia do Pai que está nos céus, "faz nascer o seu sol sobre maus e bons e faz cair a chuva sobre justos e injustos" (Mt 5,45). Na verdade, Jesus veio revelar-nos a misericórdia de Deus, o seu rosto e a sua ternura de Pai, que, depois, apresentará na parábola da ovelha perdida, na do filho pródigo... Todo o Evangelho é um canto de misericórdia e salvação, até o fim, quando Jesus da cruz dirá ao ladrão crucificado a seu lado: "Ainda hoje estarás comigo no paraíso". Extremo gesto de misericórdia e perdão.

Todavia, pode-se notar que numa época, a nossa, na qual se vai perdendo o sentido de Deus, do seu amor misericordioso, surgem realidades que propõem novamente ao mundo a grande misericórdia de Deus e o seu amor infinito pelo ser humano.

E, como já dissemos, o atual Pontífice, Papa Francisco, volta continuamente sobre o tema da misericórdia divina, desse Deus que "tem saudade de nós, esse Pai que nos espera sempre, que nos perdoa sempre e que faz festa quando voltamos". "Se você quer conhecer a ternura desse Pai, vá até ele e experimente, depois me conte", dizia numa das suas conhecidas homilias de Santa Marta. "A vida de cada pessoa, de cada homem, de cada mulher que tem a coragem de aproximar-se do Senhor, encontrará a alegria da festa de Deus." Palavras que irrompem do coração desse Papa como um rio que tem a sua fonte no próprio coração de Deus.

Dirá a voz interior a Irmã Ermínia Brunetti:

> Os meus julgamentos são de misericórdia e de amor, de perdão e de compaixão. Penso na salvação de vocês mesmo quando pensam em ofender-me e ferir o meu coração. Estou sempre de braços abertos para acolhê-los e perdoá-los. O meu amor por vocês é mais forte do que a morte. A minha misericórdia é infinita como é infinito o seu Deus. A minha maternidade e paternidade ultrapassam sozinhas todas as paternidades e maternidades de todas as minhas juntas. Diz a teus filhos (sacerdotes) que me difundam assim às pessoas. Muitos pregam o inferno, a justiça, o julgamento, a morte, pouquíssimos a minha paixão, o meu amor, a minha misericórdia.[6]

Dizia Jesus a Irmã Faustina Kowalska:

> Fala ao mundo da minha misericórdia, do meu amor. As chamas da misericórdia me queimam, desejo derramá-las sobre as pessoas. Ó, que dor me causam quando

---

[6] *Quaderno*, Archivio storico FSP.

não querem aceitá-las! Filha minha, faz quanto podes para difundir o culto da minha misericórdia. Diz à humanidade sofrida que se entregue ao meu coração misericordioso e eu a encherei de paz.[7]

É uma mensagem de amor, um grito sincero que o Senhor lança ao mundo. Esse Deus que se descobre "mendigo de amor" diante das pessoas, e revela a sua dor lancinante quando o seu amor é recusado.

Também Padre Pio de Pietrelcina, estigmatizado, hoje Santo, religioso da Ordem dos Frades Menores, é outra testemunha e apóstolo da Divina Misericórdia. Do seu convento nas colinas do Gargano, dispensava a mãos-cheias a misericórdia de Deus através do ministério da confissão. Os seus dons particulares, como a clarividência, lhe permitiam ler os pensamentos e ajudar os que estavam longe ou precisavam de Deus. Ou como na bilocação, ou seja, estar em dois lugares ao mesmo tempo, sempre para ajudar alguém.

Esses dons particulares são dados sempre para a utilidade comum, para ajudar os outros, como recorda o Apóstolo Paulo na Primeira Carta aos Coríntios (12,4-11), já citada. De fato, quem os possui sempre os utiliza em favor dos outros, como lemos na vida dessas pessoas, que Deus privilegia de modo particular para revelar ao mundo o seu amor e a sua misericórdia.

E Madre Speranza (Maria Josefa Alhama Valera), mística espanhola[8] beatificada no dia 31 de maio de 2014, no grande

---

[7] *Diario di suor Faustina Kowalska*, 1937, p. 255.

[8] Madre Speranza di Gesú, Santomera (Spagna) 1893 – Collevalenza (Italia) 1983.

santuário de Collevalenza (Perugia), Apóstola do Amor Misericordioso, conta uma das suas "distrações" místicas:

> 5 de novembro de 1927. "Distraí-me", ou seja, transcorri parte da noite fora de mim e muito unida ao bom Jesus. Ele dizia-me que preciso torná-lo conhecido às pessoas, não como um Pai ofendido pelas ingratidões dos seus filhos, mas como um Pai pleno de bondade, que procura com todos os seus meios o modo de confortar, ajudar e fazer felizes os seus filhos, que os segue e procura com amor incansável, como se não pudesse ser feliz sem eles.[9]

Ontem como hoje e sempre o Senhor se revela "mendigo de amor", pródigo de misericórdia e de perdão por cada um de seus filhos. E envia "mensagens" através de pessoas particulares para que cheguem até nós. "Eu sou a fonte da misericórdia", revelou um dia o Senhor a Irmã Ermínia Brunetti, como se indicasse uma misericórdia infinita, que sempre irrompe do seu coração de Pai e não se esgota jamais.

Irmã Ermínia faz parte dessas testemunhas e mensageiros contemporâneos da Divina Misericórdia.

---

[9] SALVOLDI, V. *Semi di misericórdia. Madre Speranza e Papa Francesco*. Padova: Messaggero, 2014.

VIII

O OUTRO LADO DA VIDA, O PURGATÓRIO

A PURIFICAÇÃO DAS ALMAS

Em 1975 Irmã Ermínia foi transferida de Catanzaro para Ravena, como superiora da comunidade, e logo se ocupou com a livraria. Foi naquele tempo que recebeu de Deus revelações particulares sobre a misericórdia do Pai, sobre o purgatório e o outro lado da vida.

Anos depois, em 11 de julho de 1996, poucos dias antes de ser internada no hospital, contou a uma das irmãs:

> Esta obra (da misericórdia) me foi revelada pelo Pai. Um dia [anos atrás] senti-me investida por uma luz particular, forte e misteriosa, que me penetrava, e a voz do Senhor me dizia: "Eu escolho aquelas pessoas que nada são, tu deves deixar-te plasmar por mim. Eu sou a misericórdia, o meu sangue purifica o pecado. Eu te guiarei para cumprir a minha obra de misericórdia". O Senhor continuou: "Eu criei o ser humano, queres que o deixe perder-se para sempre? A todos dou um momento para aceitar ou rejeitar a misericórdia do Pai que salva o insalvável, isto é, os pecadores". Eu, para fazer a vontade do Pai celeste, ou seja, levar avante

esta obra da misericórdia do Pai, seria até capaz de sair da Congregação, mas o fundador, Padre Tiago Alberione, me disse: "Não; tu deves continuar na Congregação porque eu é que deveria levar esta obra avante, mas ficou incompleta".

Não existem fontes escritas sobre essa afirmação do fundador; provavelmente foi apenas uma conversa entre Padre Alberione e ela, da qual Irmã Ermínia conservava a recordação.

Talvez haja um aceno a ela no terceiro ponto da *Coroazinha à Rainha dos Apóstolos*, onde o fundador inclui o apostolado das almas do purgatório:

> Ó Virgem puríssima, augusta Rainha dos Mártires, Estrela da manhã, seguro Refúgio dos pecadores, alegrai-vos pelos dias em que fostes Mestra, Conforto e Mãe dos Apóstolos no Cenáculo, para invocar e acolher o Divino Paráclito, o Espírito com os sete dons, Amor do Pai e do Filho. Pela vossa onipotência suplicante, pelas vossas humildes e irresistíveis orações que sempre comovem o Coração de Deus, obtende-nos a graça de compreender o valor das almas que Jesus Cristo resgatou do inferno com o seu preciosíssimo Sangue. Possa cada um de nós entusiasmar-se pela beleza do apostolado cristão: a caridade de Cristo nos impulsione, comovam-nos as misérias espirituais da pobre humanidade. Fazei que sintamos no nosso coração as necessidades da infância, da juventude, da idade adulta, da velhice; que a grande África, a imensa Ásia, a esperançosa Oceania, a conturbada Europa, as duas Américas exerçam um poderoso fascínio sobre as nossas almas;

que o apostolado do exemplo e da palavra, da oração e da imprensa, do cinema, do rádio e da televisão, *das almas do purgatório*, conquiste muitos corações generosos até o completo sacrifício. Ó Rainha dos Apóstolos, ó Mãe de misericórdia, ó Advogada nossa, a vós suspiramos, gemendo neste vale de lágrimas.

Essa frase do "apostolado das almas do purgatório" permaneceu sempre obscura, também no âmbito paulino. O que o fundador pretendia dizer exatamente? É de admirar que, nesta ampla panorâmica de necessidades apostólicas sobre esta terra, ele inclua as almas do purgatório...

Outro possível ponto de referência poderia ser onde Alberione escreveu sobre as "admiráveis riquezas concedidas por Deus à Família Paulina, a revelar-se nos séculos futuros, através dos novos anjos da terra, os religiosos". Escreveu em 1953, na redação do livro *Abundantes divitiae gratiae suae*. Esses dois pontos citados dos escritos do Bem-aventurado Padre Alberione talvez ofereçam um pouco de luz sobre o argumento que, todavia, permanece ainda num limbo desconhecido.

Irmã Ermínia conclui as suas confidências à Irmã dizendo: "Muitas vezes, os superiores queriam que eu parasse aquilo que estava fazendo, mas o Pai celeste os fazia reacreditar e me deixavam continuar, como o fizeram até hoje".[1] E acrescenta: "Eu escrevi tudo num livro que será publicado depois da minha morte".

Mais de um decênio antes (são datas registradas em suas cadernetas) Irmã Ermínia anotava, como sempre, aquilo que lhe dizia a voz interior:

---

[1] Testemunho de Irmã Eugenia Dalese.

> "Jamais serei eu a mandar ao inferno, mas quem quiser ir o faz com plena advertência e deliberado consentimento, porque eu dou a luz a todas as pessoas do mundo, a todas as almas."
> "Esta é a Obra que esvazia o purgatório e ajuda meu Filho a enviar todos para a eternidade, para o paraíso."
> "Nunca imaginastes que eu salvaria o insalvável; ainda que ouvistes dizer, não imaginastes o que queria dizer [...]"
> "Quero salvar a todos, guarde isso em mente. Aqueles que vós não conseguirem, eu conseguirei, de modo que cada alma, cada pessoa possa conhecer-me através do meu Espírito, o Espírito Santo."

Essas afirmações da voz interior não nos explicam muito porque falta o contexto, mais detalhado, no qual foram reveladas e explicadas claramente a Irmã Ermínia.

Um dia, Dom Pasolini, o sacerdote encarregado de acompanhar "discretamente" o apostolado da Irmã, lhe perguntou se tinha conhecimento de que alguns aspectos da doutrina sobre o purgatório não estavam na doutrina oficial da Igreja. Irmã Ermínia respondeu: "Sim, eu sei; mas o Senhor me disse: 'Não te preocupes, ainda não chegou a hora, mas verás que entenderão'".

Não entraremos nesses argumentos e nos ateremos ao ensinamento tradicional da Igreja a esse respeito. Será tarefa dos teólogos que estudarão esses textos ("Escrevi tudo num livro"...) e avaliarão as coisas quando a Igreja julgar oportuno. Todavia, também na Família Paulina contam-se episódios que colocam mais de uma interrogação sobre a realidade do além.

Aconteceu no Chile em 1953.

Uma Filha de São Paulo,[2] muito jovem (26 anos), havia acompanhado uma Irmã em outra cidade e deveria voltar para a comunidade em Santiago. Tomou o ônibus de volta já bem tarde, mas às duas horas da madrugada este termina a viagem num pequeno vilarejo. Era uma vila somente com luzes vermelhas, onde se praticava a prostituição. A Irmã não sabia o que fazer. Faltavam ainda mais de cinco quilômetros para chegar em Santiago e era noite escura, sem luzes, e ela estava sozinha. Ela se põe a rezar. Para um carro com dois homens a bordo. "Irmã, o que faz aqui a esta hora?" Ela explica a situação. O homem que dirige lhe diz que vai para o mesmo lugar onde ela deveria ir e que poderia acompanhá-la, se confia em ir com ele. Ela sente confiança e aceita. Ao longo do caminho, o homem conta que conhece os sacerdotes paulinos e o superior, Padre Pàscasi, de quem tinha inclusive comprado aquele carro. Chegam a Santiago por volta das três horas da manhã. Os dois esperam que a Irmã entre no convento e depois partem.

Na manhã seguinte, chega o Padre Pàscasi para celebrar a missa. A Irmã lhe conta tudo, mas o sacerdote empalidece e parece muito preocupado. Depois disse: "Aquele homem morreu! Fui eu que celebrei o seu funeral! E o carro não existe mais, foi para o ferro-velho".[3]

Esse acontecimento supera, sem dúvida, a nossa capacidade racional de compreensão. Mas é evidente que existe uma possibilidade de interconexão com um "outro mundo" onde não funcionam as nossas categorias de tempo e de espaço...

---

[2] Irmã Rosaria Aimo.

[3] A Irmã Rosaria Aimo, que contou o episódio, ainda está viva, mas o Padre Pàscasi já faleceu.

e que pode tornar-se também uma relação de ajuda, como nesse caso.

De fato, Irmã Ermínia sustentava que as almas do purgatório, uma vez libertadas pelas nossas orações, podem vir em nossa ajuda. E ela tinha larga experiência com isso.

Reportemos aqui um episódio que chegou à redação enquanto escrevo. Uma Irmã conta que, certa tarde, há alguns anos, estava no carro com outras Irmãs e conversavam durante a viagem. Mas, falando, distraiu-se e não viu a saída da rodovia. Seguiram adiante, mas a próxima saída ficava a muitos quilômetros de distância, e já era noite. Inútil mencionar a sua preocupação. Logo que teve oportunidade, a Irmã tentou fazer uma conversão para retornar, algo proibido na rodovia. De repente, vê a polícia rodoviária, que lhe faz sinal para parar no acostamento. A Irmã sabia que estava errada, mas nem teve tempo para explicar, pois um dos policiais manda o colega parar o tráfego. E o trânsito para. Ele então diz à Irmã para fazer a conversão e lhe assegura que logo depois encontrará a saída. Após executar a conversão e voltar à estrada, a Irmã se vira para agradecer, mas... não havia ninguém! Pergunta para as outras Irmãs se tinham visto o policial. Não tinham visto ninguém. Ficou admirada. Mas ela pensou em Irmã Ermínia e nos seus amigos do purgatório. Também porque, ao repensar, reconheceu um dos policiais e lembrou que ele havia morrido alguns anos antes.[4]

Parece iluminador o que escreve o Padre Corrado Balducci, teólogo e demonólogo, para a superiora-geral das Filhas de São Paulo, numa carta de 9 de janeiro de 1990. Balducci

---

[4] O episódio foi contado por Irmã Epifania Bassi, que estava no carro.

tinha sido solicitado por autoridades da Congregação, sobre o caso de Irmã Ermínia, a dar um parecer sobre essa Irmã considerada "um tanto esquisita". O sacerdote, sabiamente, respondeu somente depois de encontrar-se com a Irmã em questão. De fato, quando se apresentou diante de Irmã Ermínia com a sua admirável simplicidade, ele não teve nenhuma dúvida: tudo vinha do Alto, e encorajou a Irmã a prosseguir tranquila o seu caminho.

A carta citada deve ser lida integralmente, para uma análise precisa de alguns argumentos que tinham gerado perplexidade a respeito da atividade dessa Irmã. É o ponto de vista de um especialista também no âmbito doutrinal. Citemos alguns trechos:

> [...] Conheço Irmã Ermínia Brunetti há muito tempo e sempre tive uma ótima impressão nos numerosos encontros que mantive com ela; o mesmo ocorre com o Bispo Guglielmo Zannoni, já subsecretário da Congregação do Clero, que a acompanha há muitos anos também como seu orientador espiritual, e com outros sacerdotes que, por vários motivos, tiveram oportunidade de conhecê-la. Ela parece uma alma de grande espiritualidade, muito simples, humilde, dócil, obediente, plenamente disponível, desejosa de amar o Senhor e torná-lo amado por todas as numerosas pessoas que vão escutá-la e rezar com ela.
> [...] Por motivo dos estudos psiquiátricos e parapsicológicos que há anos tive que enfrentar para poder adquirir um conhecimento aprofundado do campo demonológico, sobretudo no que se refere ao diagnóstico de presenças diabólicas e, portanto, também o diagnóstico de dons sobrenaturais em geral (como os fenômenos místicos), não vejo explicações naturais para o caso em

questão [o caso de Irmã Ermínia]. Não existem, de fato, considerações e meios que possam fazê-lo ser considerado alguma forma psicopática; por outro lado, apresenta também manifestações que ultrapassam, completamente, os quadros clínicos da sintomatologia própria dos vários distúrbios e doenças psiquiátricas.

A essa argumentação de decisiva importância, acrescentam-se as considerações próprias da acética, como, por exemplo: o exercício das virtudes cristãs de uma maneira superior ao agir comum, o *sensus fidelium* que a considera uma alma de Deus; o conteúdo doutrinal, que na sua substância abre a mensagem evangélica a considerações mais profundas sobre a bondade e a misericórdia de Deus; os frutos que derivam do seu trabalho, especialmente as conversões de tantas pessoas que estavam longe de Deus e retornam à fé perdida, ou a uma vida cristã não praticada há muito tempo; a existência de favores divinos extraordinários, seja para a sua própria pessoa, seja especialmente para alguns entre os tantos que a ela recorrem.

[...] Esse infinito amor do Pai celeste abraça, como parece óbvio, não só a Igreja militante, mas também aquela padecente e, através de mensagens e inspirações que Irmã Ermínia sente, torna evidente o seu alcance ao mundo dos defuntos, também de maneiras e formas que possam suscitar certa surpresa. Convém, no entanto, observar que, no que se refere aos que faleceram, sabemos pouquíssimo, e uma teologia do purgatório, baseada nessa mensagem fundamental, poderia abrir novos horizontes, sobre os quais, especialmente hoje, também as revelações privadas parecem acrescentar vislumbres de luz; é, por outro lado, um mundo, aquele dos defuntos, que nos atinge muito de perto, e com o qual existem mais relações e laços do que podemos pensar.

[...] Penso que a benemérita Congregação das Filhas de São Paulo poderá, no futuro, sentir-se orgulhosa de ter tido uma Irmã escolhida por Deus para ser um particular instrumento da difusão do seu infinito amor e da sua misericórdia sem limites, para o proveito dos viventes e ainda mais dos falecidos.[5]

Nessa carta de Dom Corrado Balducci há também um aceno à realidade da vida depois da morte, ao purgatório e a como deve ser vivido. Esse argumento, porquanto seja novo nos seus detalhes revelados pelo Senhor a Irmã Ermínia, o deixamos a estudos futuros por parte do Magistério. Todavia, não se pode ignorar certa "comunhão" entre nós e as almas daqueles que nos deixaram e partiram para outra dimensão da vida. Nós sabemos que *"vita mutatur, non tollitur"*, afirma o ensinamento da Igreja que se baseia no Evangelho: a vida será transformada, mudada, mas não tirada! Nós continuaremos a viver! Ainda que de modo diferente.

De fato, João narra no seu Evangelho que, quando Jesus foi ver Lázaro que já estava morto, a irmã Marta, lhe disse:

> "Senhor, se tivesses estado aqui, meu irmão não teria morrido." Jesus respondeu: "Teu irmão ressuscitará". Marta disse: "Eu sei que ele vai ressuscitar, na ressurreição do último dia". Jesus disse então: "Eu sou a ressurreição e a vida. Quem crê em mim, ainda que tenha morrido, viverá. E todo aquele que vive e crê em mim, não morrerá jamais" (cf. Jo 11,17-44).

Marta, portanto, sabia da ressurreição depois da morte, aliás, a crença já existia no judaísmo. Em outra ocasião, Jesus

---

[5] *Epistolario*, Archivio storico FSP.

também explicará aos saduceus (que não acreditavam na ressurreição dos mortos) que há vida depois da morte (cf. Mt 22,23-33). E a narrativa da morte de Jesus se conclui com a resposta do Salvador morrendo ao lado do ladrão crucificado, que lhe tinha pedido para recordar-se dele: "Em verdade te digo: ainda hoje estarás comigo no paraíso". E sabemos pela doutrina do Magistério que "Igreja militante" (nós), "Igreja padecente" e "Igreja triunfante" estão unidas. Trata-se daquele único "Corpo Místico" de Cristo que é a Igreja toda. É a comunhão dos santos que professamos no Credo apostólico durante a missa.

Irmã Ermínia tinha relações com as almas do purgatório. Seja com aquelas que tinham ainda algo para pagar, seja com outras que já estavam livres e disponíveis para ajudar a nós, Igreja militante. E tinha um contato particular com algumas delas. Sobre esse argumento existem escritos detalhados nas suas cadernetas. Auguramos que, quando as coisas tiverem a necessária maturação e estudo por parte do Magistério, possamos publicá-las para o benefício da fé de muitos, assim como as revelações particulares sobre essa realidade.

Ainda, como já foi dito, com frequência narram-se episódios que se referem a relações entre nós viventes e as almas dos falecidos. Um sacerdote paulino, Padre Venanzio Floriano, conta que o seu pai morreu de repente. E como era um homem bom e honesto, mas não frequentava muito a igreja, o filho estava preocupado com sua salvação e, por isso, consultou Irmã Ermínia. Seu pai tinha morrido no dia primeiro de dezembro e Irmã Ermínia, depois do dia da Imaculada, lhe disse: "Teu pai foi salvo. Já está no paraíso". E à objeção do sacerdote sobre a rapidez com que chegara ao paraíso, Irmã Ermínia respondeu: "Disseram-me que é pai de um sacerdote". Então, o filho se recordou do que dizia o fundador da Família Paulina, Padre Tiago Alberione, hoje bem-aventurado: "Os genitores que oferecem a Deus um filho ou uma filha têm a salvação assegurada".

Em relação a Padre Alberione, há outro episódio narrado pelo padre Valentino Gambi, sacerdote paulino. Seu pai morreu em 1950 num acidente automobilístico.

> Confiei logo ao Padre Alberione a minha ansiedade por aquela morte repentina e, a partir de então, não nos falamos mais sobre isso. Dez anos depois, exatamente às seis horas da manhã da Páscoa de 1960, estava entrando no complexo paulino de Ariccia para celebrar a Eucaristia. Na porta encontro Padre Alberione que, sem nenhum preâmbulo, encarando-me, disse: "Esta manhã, enquanto celebrava, vi o seu pai subir ao céu". Inclinou a cabeça e foi embora. Sabendo o quanto Padre Alberione era cauteloso em relação a fenômenos desse gênero, senti-me estranhamente atingido, e depois disso não tive mais nenhuma dúvida sobre a sorte do meu pai.[6]

Se observarmos outras revelações dos místicos contemporâneos, ainda não reconhecidos pela Igreja, encontramos sempre a existência de uma comunicação com o mundo do além nas várias realidades: aqueles que já estão salvos, aqueles que esperam pagar alguma pena... É assim nas experiências de Irmã Ermínia, cujos detalhes são explicados com muita precisão nos seus escritos.

---

[6] GAMBI, V. *L'editore di Dio*. Cinisello Balsamo: San Paolo, 2003, pp. 13-14.

O ESPÍRITO DO MAL

Dissemos que Irmã Ermínia teve que lutar muito contra o espírito do mal, até o fim. Mas há um antecedente que é preciso recordar. Quando tinha cerca de 3 anos, um dia a mãe a ouviu gritar de modo assustador. Acorreu logo e viu a menina aterrorizada. Quando ela se acalmou, quis saber por que tinha gritado tanto. Então, a menina lhe contou que tinha visto um homem feio e sombrio que a olhava de modo mau. Depois, quando cresceu, Irmã Ermínia compreendeu que era o Maligno, o qual, sendo inteligente, provavelmente via o futuro dessa menina e quantas almas lhe haveria de arrancar.

O Maligno não tolerava essa Irmã que rezava, que aceitava tudo com paciência e, algo realmente insuportável, lhe roubava as almas. Toda aquela gente que acorria a ela não lhe agradava. E se vingava como podia. Por isso, Irmã Ermínia conheceu a violência diabólica muitas vezes também sobre a sua pessoa.

No pós-Concílio a Igreja experimentou entre os seus filhos uma onda de pensamentos estimulantes, de opiniões inovadoras e nem sempre muito boas. No mundo religioso, entre outras, as novas aberturas conciliares estavam em desacordo com as tradições do passado na vida consagrada, às quais os mais anciãos estavam afeiçoados, enquanto os jovens religiosos lançavam-se em direção do novo; mas nem uns nem outros estavam preparados para assumir, com sabedoria e perspicácia, novos parâmetros no campo dos valores, também religiosos. Na verdade, houve muita desorientação e abandono, seja entre os sacerdotes, seja entre os religiosos e religiosas. Naquele tempo, Irmã Ermínia via o Maligno agitar-se furioso pelos corredores da comunidade, porque dizia, com atrevimento, que era fácil fazer o seu trabalho.[7] Mas, com frequência, tratava-se também de verdadeiras e reais perseguições diabólicas sobre a própria pessoa de Irmã Ermínia. Contam-se vários episódios do gênero.

Uma noite, como sofria de úlcera no estômago, Irmã Ermínia foi à cozinha para beber um pouco de água com bicarbonato. Ali encontrou um enorme monstro peludo que chegava até o teto. Aproximou-se dela e lhe desferiu um soco no estômago, na altura da sua úlcera, saindo depois depressa pela janela. A cozinha ficava no quarto andar! A Irmã sentiu uma dor atroz no estômago, por causa da úlcera que o monstro tinha atingido intencionalmente.

E muitas vezes recebeu empurrões que a faziam cair, sem que ninguém a tivesse tocado.

Em 1989, encontrava-se em uma comunidade das Irmãs Canossianas para um período de repouso. Certa manhã saiu com uma Irmã. Caminhavam na calçada e, de repente, foi atirada ao chão com violência por três vezes seguidas. Por causa disso, foi internada no hospital com uma fratura no ombro direito, sendo necessário fazer uma cirurgia. Depois, foi preciso engessar o ombro e o braço. Passaram-se diversos meses antes que ela se restabelecesse.

Eram as vinganças do Maligno contra quem colocava obstáculos a seu trabalho de perdição.

Também na vida de São Pio de Pietrelcina contam-se vários episódios de presenças diabólicas, particularmente de perseguições sobre a pessoa do frade. Um dos apelidos que Padre Pio dava ao Maligno era Barba Azul, que não o deixava em paz nem mesmo à noite. Aliás, parecia que a

---

[7] *Quaderno*, Archivio storico FSP.

noite era o seu tempo privilegiado para torturar o pobre frade. E eram ataques físicos, verdadeiras sovas, não em sentido figurado. Às vezes, na manhã seguinte, aparecia coberto de hematomas.

Escreve ao seu confessor:

> Barba Azul e seus semelhantes não cessam de me espancar até quase a morte. Não tenho coragem de contar o que vem me sucedendo há vários dias. Quem poderia acreditar que também durante a noite, nas horas de repouso, sou atormentado? O demônio quer me destruir a qualquer custo [...]. Subindo ao altar, sinto os seus assaltos, mas Jesus está comigo, de quem poderei ter medo?
> Barba Azul não quer dar-se por vencido. Assume todas as formas. Há vários dias, vem visitar-me com outros comparsas armados com bastões e barras de ferro e, o que é pior, mostrando-se sob as próprias formas. Muitas vezes me derruba da cama e me arrasta pelo quarto.[8]

Um dia Satanás lhe disse: "Se não desistires, farei acontecer contra ti coisas que a mente humana não consegue imaginar". De fato, toda a tempestade que se abateu sobre a vida de Padre Pio por longos anos, especialmente por parte dos homens de Igreja, demonstra plenamente esse furor de Satanás. E o motivo era sempre o mesmo: Padre Pio arrancava muitas almas das suas garras.

Muitos Santos e Santas experimentaram as fúrias vingativas do Maligno. E não podemos contá-los todos. Recordemos

---

[8] Cf. *Lettera a padre Agostino*. In: CHIRON, Y. *Padre Pio. Uma strada di misericordia*. Milano: Paoline, 1999.

apenas um último episódio que se refere ao Santo Cura d'Ars, João-Maria Vianney. Esse sacerdote passava horas na igreja rezando, e não só de dia; de fato, quando no escuro da noite se via uma lanterna atravessar o jardim da casa paroquial, era ele que ia à igreja rezar. Em torno do Pároco de Ars, que circulava pelas casas visitando as famílias de seus paroquianos, conhecendo suas necessidades e que, na vanguarda dos tempos, abriu uma escola gratuita para as jovens, a fim de que fossem instruídas como os rapazes (na época só os homens estudavam); que dava catequese para instruir as pessoas na fé, que se mortificava com contínuos jejuns... em torno desse Padre criou-se um campo de atração espiritual.

Tinha o dom da clarividência, lia pensamentos e gozava de uma autoridade indiscutível entre as pessoas, que o estimavam como um homem de Deus. Também os sacerdotes da redondeza o convidavam para pregar nas suas paróquias.

Tudo isso não podia deixar de suscitar a ira do Maligno, que começou a atormentá-lo de muitos modos: de barulhos ensurdecedores à noite, que o impediam de dormir, até queimar-lhe a cama, além de ridicularizá-lo como "comedor de batatas". Vianney, na verdade, nutria-se quase exclusivamente de batatas, que fazia cozinhar em grandes quantidades e que comia um pouco por dia. Ao ver sua única fotografia, com aquele físico franzino e o rosto magro, não é difícil imaginar esse seu escasso menu. Quando viu a cama chamuscada, o Cura, que não era privado de humor, disse: "O *Grappin* (em português "Garra", que era como ele chamava o demônio) não pode pegar o passarinho, por isso colocou fogo na gaiola...". E conta-se que, quando estava para chegar a Ars uma pessoa que havia se afastado de Deus e queria encontrar-se com ele, dias antes o demônio tornava-se ainda mais furioso nos confrontos contra o pobre padre.

Hoje, quem visita a paróquia de Ars, na região francesa do Ródano-Alpes, e observa o pequeno púlpito de madeira onde esse Sacerdote falava de Deus às pessoas, o confessionário onde passava muitas horas durante o dia, o leito chamuscado, a panela das batatas no pobre fogão... fica no mínimo perplexo. Faltam palavras para definir o rio de graças que se derramou sobre a França na primeira metade do século XIX, por obra desse humilde sacerdote que, no tempo do seminário, foi considerado pouco dotado para ser Padre. A pedagogia de Deus é sempre bastante diferente daquela dos seres humanos. Ele escolhe, de preferência, aquilo que não vale muito aos nossos olhos, para construir obras-primas da graça!

IX

EM DIREÇÃO À OUTRA MARGEM

No final da sua vida, Irmã Ermínia experimentou ainda incompreensões, talvez malevolências. Ela nunca dizia nada, mas sofria em silêncio, como testemunha quem a conheceu. Estava habituada com experiências desse tipo. Todavia, é também verdade que ao sofrimento não nos habituamos jamais, é sempre novo e doloroso, para todos. Ainda mais se vem de pessoas próximas a nós.

Conserva-se uma carta de 1995,[1] um ano antes da sua morte, enviada por outra pessoa à superiora-geral, para informá-la do clima de intolerância que se criou ao redor de Irmã Ermínia: "[...] Parece que querem fazê-la passar por esclerosada, velha maluca", diz a carta, e deseja que na comunidade dessa Irmã sejam colocadas pessoas compreensivas e caridosas.

Não sabemos como andavam as coisas, mas é preciso levar em consideração que também as comunidades religiosas são feitas de pessoas, como todas as outras: com caráter, temperamento particulares, opiniões subjetivas. A vocação religiosa, seja de mulheres, seja de homens, não muda a natureza dos indivíduos. Certamente a graça trabalha e ajuda a modificar eventuais asperezas do caráter, mas não muda a natureza. Se uma pessoa vê sempre o lado negativo... é

---

[1] *Epistolário*, Archivio storico FSP; G. Zannoni, Lettera de 3 dicembre 1995.

difícil fazê-la compreender que existe também o lado positivo! E nem sempre se consegue. Se, além disso, existem mais pessoas juntas que têm as mesmas características de negatividade, a sombra sobre as coisas se alonga e se torna difícil ser objetivo.

Depois, é preciso também acrescentar que, onde se faz o bem, talvez com sacrifício, o Maligno certamente não fica apenas olhando, mas estuda como colocar um pouco de cizânia para prejudicar o bem. A parábola de Jesus, na qual o inimigo, de noite, vai semear o joio no campo de trigo... é sempre atual. "O Reino dos Céus é como alguém que semeou boa semente no seu campo", conta Jesus. "Enquanto todos dormiam, veio seu inimigo, semeou joio no meio do trigo e foi embora. Quando o trigo cresceu e as espigas começaram a se formar, apareceu também o joio. Os servos foram procurar o dono e lhe disseram: 'Senhor, não semeaste boa semente no teu campo? De onde veio então o joio?' O dono respondeu: 'Foi algum inimigo que fez isso'" (Mt 13,24-28). Talvez fosse algo assim o que acontecia na comunidade de Rimini.

ÚLTIMAS OFENSIVAS DO MALIGNO

Irmã Ermínia tinha se esforçado com grande generosidade na sua vida religiosa. Vivia intensamente a sua consagração ao Senhor. Uma Irmã que tinha vivido com ela numa comunidade recorda: "Era uma Irmã de fé, que transmitia o desejo de Deus. Sempre a via na capela concentrada diante da presença de Jesus na Eucaristia, e era como se estivesse imersa em Deus. Distinguia-se na comunidade não pelos dons particulares, mas pela caridade, a benevolência, o serviço".[2]

---

[2] Testemunho de Irmã Eugenia Dalese.

Extraordinário o sentido desta frase: "transmitia o desejo de Deus...". Sem dúvida, trata-se de um fascínio que transcende a pessoa, vai além dela, como a vislumbrar um mistério que se oculta, mas está presente. E, então, o íntimo do coração anseia: é desejo de Deus que só quem lhe pertence totalmente pode transmitir aos outros sem nem mesmo perceber.

A quem pedia conselhos sobre como libertar-se de certas tentações, insinuações do mal, Irmã Ermínia aconselhava a sua experiência:

– *oração assídua e confiante no Pai celeste.* E explicava que, se fixarmos o pensamento no Pai, o demônio perde seu poder sobre nós. O seu principal poder está no nosso pensamento;

– *aproximar-se com frequência da confissão e da Eucaristia.* Os sacramentos nos colocam em comunhão com o amor infinito de Deus por nós. E isso faz o espírito do mal fugir, porque não pode suportá-lo;

– *ler todos os dias uma página do Evangelho.* É a Palavra de Deus que entra na nossa mente e a fortifica contra os assaltos do mal;

– *praticar o controle do pensamento.* Vigiar sempre a mente e não acolher os pensamentos negativos. É como desligar o fio da tomada: não se recebe nenhum choque;

– *não pensar mal dos outros.* Perdoá-los, fazer o bem. A caridade nos impede de fechar-nos em nós mesmos, nos dá serenidade e nos ajuda a tornar-nos dom para os outros.

Mas essa Irmã, imersa muitas vezes em experiências místicas, era também uma pessoa sociável e alegre. Algumas Irmãs recordam que contava de boa vontade anedotas quando estavam reunidas em recreação, das quais ela mesma ria. Vendo-a de fora, vivia como uma pessoa normal. Mas quanto de extraordinário escondia atrás da sua simplicidade!

Tinha sofrido tanto, e de diversos modos, como podemos ver. E tudo pela salvação das pessoas. Tinha arrancado tanta gente das garras venenosas do espírito do mal que ele, certamente, não podia estar contente. Por isso, vingava-se em sua pessoa.

Estamos em 1996. É o ano da morte de Irmã Ermínia. Agora já tem 82 anos, é uma anciã. Mas, na noite de 26 de junho, acontece algo grave. Pela manhã, não está na capela para participar da missa. Uma Irmã conta que, não a vendo, já que sempre chegava no horário, foi ao seu quarto para chamá-la.

> ... Encontrei-a imersa em sangue e com muitas contusões: na cabeça, no rosto, sobre o olho esquerdo, e ossos fraturados. Perguntei-lhe: "O que aconteceu para estar assim?". "Foi ele (Satanás), aquele malvado que me espancou durante toda a noite, jogou-me no chão e bateu minha cabeça contra a mesinha de cabeceira; pensei que iria morrer, depois, pouco a pouco, consegui deitar-me na cama. Não conte a ninguém da luta desta noite". Mas esta luta a levou pouco a pouco à morte.[3]

De fato, depois disso Irmã Ermínia não foi mais a mesma. Por alguns dias levou no seu rosto os sinais daquela violência. Apesar disso, nos primeiros dias de julho quis retomar o trabalho, mas experimentava muito cansaço e sentia-se esmorecer. Todos perceberam aquele declínio físico, enquanto ela repetia: "A minha obra agora acabou". Contou de uma dor lancinante na cabeça, uma dor terrível, jamais experimentada durante a sua vida. Também o seu rosto estava congestionado e o olho esquerdo parecia um pouco fora

---

[3] Ibid.

da sua cavidade. Afirmou que o Senhor lhe havia dito para deixar-se tratar.

O dia 18 de julho é o último em que Irmã Ermínia recebe as pessoas, mas com muita fadiga. "Assegurou a sua oração a todas e, quando deixou aquela sala para voltar às instalações da comunidade, caminhava apoiando-se na parede, arrastando-se devagar."[4] Todos os presentes tiveram o doloroso pressentimento de que não iriam mais vê-la.

A superiora da comunidade, vendo a situação de Irmã Ermínia, acompanhou-a com urgência a Roma, ao hospital Regina Apostolorum de Albano Laziale. Submetida a tomografia computadorizada, evidenciaram-se três hemorragias cerebrais. A situação era grave. Foi imediatamente transportada ao hospital Pertini de Roma, onde foi operada. A operação foi difícil porque as três hemorragias encontravam-se em profundidade, abaixo do córtex cerebral.

Uma Irmã enfermeira (que na época era chefe do departamento de Oncologia) conta que, não tendo outro leito desocupado, a levaram para sua ala. O quarto tinha quatro leitos, onde havia mais três mulheres internadas. Entre estas e Irmã Ermínia logo se estabeleceu uma grande harmonia. Assim que ela voltou da recuperação, como já era tarde, a Irmã foi buscar alguma coisa para o jantar. Quando voltou (passados poucos minutos), encontrou as senhoras rezando com Irmã Ermínia. Ela se surpreendeu, mas não muito. As coisas que aconteceram depois, essas sim lhe causaram realmente muito espanto.

De fato, aconteceu que uma jovem enfermeira daquela ala estava muito triste por causa de uma experiência pessoal: o

---

[4] ZANNONI, G. *Testimone della misericordia del Padre*, p. 116.

noivo a havia deixado depois de doze anos de noivado. Irmã Ermínia, vendo a jovem, lhe disse: "Vem aqui. Hoje à tarde, voltando para casa vai encontrar o seu noivo esperando por você". A jovem ficou muito admirada: Irmã Ermínia não sabia nada do drama que estava vivendo, nem conhecia a jovem. De fato, voltando para casa, a jovem encontrou o noivo esperando-a, como havia dito a Irmã. No dia seguinte, a notícia espalhou-se pelo hospital inteiro. E muitos começaram a recorrer a essa Irmã que previa o futuro.

E, desse modo, verificou-se uma verdadeira "procissão" de enfermeiros, médicos, e muitas outras pessoas que iam procurá-la para conversar. O seu quarto era um ponto de referência (dada a situação, foi transferida para um quarto individual). Quem tinha uma dor, uma preocupação, encontrava consolação e força naqueles colóquios. Ao contrário, outros que não tinham problemas para confiar-lhe, procuravam-na apenas para sentirem-se mais serenos, como se um fluxo de bondade, de bem-estar emanasse daquela Irmã doce e gentil, que compreendia as árduas realidades da vida de todos... e exortava a confiar em Deus, na sua misericórdia de Pai. Outros ainda a procuravam para rezar com ela.

Outra enfermeira, presente na "profecia" para a colega, queria falar com Irmã Ermínia, mas sozinha. Também ela tinha um problema: era divorciada. A Irmã lhe disse que, no próximo ano, iria casar-se com o companheiro e teria um filho. A chefe da ala afirma que de fato a jovem casou no ano seguinte e esperava um bebê, quando lhe contou aquela profecia. Mas Irmã Ermínia já tinha morrido.

Essa doce Irmã bolonhesa, que se assemelhava tanto a uma mãe, era muito amada por tantas pessoas, homens e mulheres, sacerdotes, religiosos e leigos que conservavam dela uma afetuosa e agradável recordação. A enfermeira chefe explica que, por muito tempo, muitos foram até ela (considerada enfermeira de Irmã Ermínia) para saber sobre o último período de vida que a Irmã tinha passado na sua enfermaria. "Eu já contei essas coisas tantas vezes...", disse sorrindo.

Depois da cirurgia no hospital Pertini, Irmã Ermínia voltou ao Regina Apostolorum, o hospital paulino, que depois passou para a Província de Laziale.

No entanto, voltou semiparalisada. Uma paralisia parcial havia tomado o seu corpo, que funcionava somente pela metade. Já não era mais autossuficiente, nem conseguia falar livremente. Mas as pessoas continuavam procurando-a. E ela se limitava a apoiar a mão que permanecera livre sobre a cabeça das pessoas para uma bênção. E recitava uma oração.

As esperanças de recuperação diminuíam.

Uma Irmã recorda que, naquele tempo, Irmã Ermínia tinha muito medo. Quando soube da cirurgia no hospital Pertini, apertou sua mão e não queria ir. Conhecendo a personalidade de Irmã Ermínia, esse seu medo parecia um pouco estranho. Mas, talvez, existisse uma explicação. Como antevia o futuro, pode ter visto o resultado daquela cirurgia e o calvário que lhe seguiria. Daí surgiu o medo, muito normal para qualquer pessoa.

Um médico procurou tranquilizá-la sobre o êxito da cirurgia no hospital Pertini. Ela o abraçou. No dia seguinte, o médico foi à Irmã chefe do departamento, fechou a porta e disse: "Você precisa me dizer quem é aquela Irmã. Essa noite não consegui dormir. Desde que ela me abraçou, sinto como um fogo de alegria que arde dentro de mim". "É uma Irmã que tem dons particulares", explicou a Irmã. Naturalmente permanecia o enigma.

Irmã Ermínia estava em coma, mas, se lhe apertavam a mão, ela respondia apertando também. Sinal de que ainda estava consciente, mesmo sem poder falar. A enfermeira conta que ficava perto dela o máximo possível. De fato, quando expirou, estava presente somente essa sua Irmã, a qual afirma que Irmã Ermínia passou do coma para a outra vida simplesmente parando de respirar.

A trágica e diabólica experiência que levou Irmã Ermínia à morte, e que o Senhor permitiu nos seus imperscrutáveis desígnios, recorda uma experiência semelhante sofrida por outra alma mística, Marthe Robin,[5] francesa, que morreu em 1981. Essa jovem mulher, quase cega e completamente paralisada durante cinquenta anos, estigmatizada, experimentava toda sexta-feira as dores da paixão do Senhor. Tinha muitos amigos e colaboradores e, com eles, fundou os Foyers de Charité, espalhados em todo o mundo.[6] Está em andamento o seu processo de beatificação.

O demônio se mostrava furioso também para com Marthe Robin, porque também ela lhe arrancava almas, com as suas iniciativas apostólicas e os seus sofrimentos físicos e espirituais. Às vezes, o Maligno, a quem Marthe chamava de "Ele", "pegava seu corpo paralisado, arrastando-o, batendo-o contra a parede e jogando-o no chão (como fez no último dia)".[7] De fato, quando Marthe foi encontrada no chão moribunda pelos golpes recebidos, quem acorreu para socorrê-la ouviu dizer: "'Ele' me matou".

---

[5] Cf. GUITTON, J. *Ritratto di Marthe Robin. Una mística del nostro tempo.* Milano: Paoline, 2012. Foyer de Carité "Marthe Robin". Casa di esercizi spirituali, Ronciglione (VT).

[6] Foyer de Charité "Marthe Robin" – Casa di esercizi spirituali, Ronciglione (VT).

[7] GUITTON, J. *Ritratto di Marthe Robin*, cit., p. 161.

Diante de eventos assim horripilantes e prejudiciais para a pessoa, como no caso de Irmã Ermínia Brunetti e de Marthe Robin, podemos nos perguntar por que o Senhor permite ao Espírito do mal fazer coisas assim nefastas às criaturas que ele privilegia.

Talvez não exista uma resposta, senão ao nível de uma fé profunda nos desígnios de Deus, sempre tão difíceis de compreendermos. Aliás, imperscrutáveis.

MARANATÁ, VEM, SENHOR JESUS!

Irmã Ermínia, portanto, durante toda a noite do dia 26 de junho de 1996, foi massacrada pelos golpes de Satanás. Morreu pouco mais de dois meses depois, em consequência daquele espancamento.

O seu corpo, a sua vida, tudo de si ela tinha doado ao Senhor, com a profissão religiosa na amada Congregação das Filhas de São Paulo e, num segundo momento, oferecendo-se também como vítima pela salvação de todos, em particular dos sacerdotes em dificuldade. Agora, podia constatar que a sua oferta fora aceita. A dor lhe fazia contínua companhia. Essa fiel testemunha da misericórdia do Pai chegou até o limite de esquecer a si mesma e ser "misericórdia" para quantos vinham procurá-la para ter algum conforto.

Mas o fantasma do coma se aproximava.

> Da ampulheta da vida
> cai o último grão de areia,
> o relógio diante da face do tempo
> mostra a última hora...
> e o óleo na lâmpada acabou.
> Mas a escuridão é vencida pela luz resplandecente
> do Dia eterno que surge!

Nos últimos dias, Irmã Ermínia teve ainda momentos de lucidez, depois caiu em coma irreversível. E não acordou mais.

> Eu durmo, mas meu coração vigia. É a voz do meu amado a bater:
> "Abre-me, ó minha irmã e amada, minha pomba, minha imaculada"
> (Ct 5,2).
> "Levanta-te, minha amada, minha rola, minha bela, e vem!
> O inverno passou, as chuvas cessaram e já se foram.
> Aparecem as flores no campo, chegou o tempo da poda, a rola já faz ouvir seu canto em nossa terra.
> A figueira produz seus primeiros figos, soltam perfume as vinhas em flor. Levanta-te, minha amada, minha bela, e vem!
> (Ct 2,10-13).

"Glória ao Pai, ao Filho e ao Espírito Santo...", a ouviam repetir até o último suspiro. Era o seu eu mais profundo que rezava além dos limites corpóreos. E fechava a sua vida com o louvor às três pessoas da Santíssima Trindade.

Era dia 5 de setembro de 1996, às oito horas.

Irmã Ermínia Brunetti concluiu a sua vida terrena. Tinha 82 anos, e 66 de vida religiosa na Congregação das Filhas de São Paulo.

No dia seguinte, 6 de setembro, celebrou-se uma solene Eucaristia para o seu funeral na grande igreja do hospital, que ficou lotada, também de médicos e enfermeiros; o mais maravilhoso foi a participação dos muitos sacerdotes e de tantas pessoas vindas de longe, de outras cidades da Itália.

De Rimini chegou um ônibus cheio para dar o último adeus a essa Irmã tão amada.

No sábado, 7 de setembro, na igreja de Rimini, celebrou-se uma solene Eucaristia em seu sufrágio. Presidiu a concelebração o Bispo Walter Pasolini, testemunha "oficial" das suas experiências apostólicas, com mais oito sacerdotes. A catedral estava lotada, mais que nos dias de festa. A cidade manifestou, assim, a sua gratidão a essa Filha de São Paulo que tanto tinha realizado para aliviar qualquer sofrimento, explicando sempre a Palavra de Deus na Escritura e a grande misericórdia do Pai para com todos.

X

EM RECORDAÇÃO DE IRMÃ ERMÍNIA

Entre as tantas vozes que testemunharam a lembrança de Irmã Ermínia, trazemos algumas que nos pareceram particularmente significativas.

Padre Gabriele Amorth, Sacerdote Paulino, que presidiu a concelebração dos funerais de Irmã Ermínia, na sua longa homilia, com uma linguagem colorida, disse entre outras coisas:

"Uma Irmã me falou dela e me apresentou como uma religiosa de grande oração, mas também malvista; uma Irmã levada um pouco a pontapés pelas suas superioras. Por quê? Porque, onde quer que se encontrasse, as pessoas a procuravam: em casa, na livraria. Tinham constatado que dos seus colóquios recebiam conselhos, conforto... E, isso, sobretudo, os Sacerdotes. Portanto, iam de boa vontade falar com ela. Mas coloquem-se no lugar de uma responsável de livraria que vê as pessoas numa fila esperando, enquanto essa Irmã se afasta para conversar com um Sacerdote, uma jovem... e pedia às superioras: 'Mande-a embora e que venha outra que trabalhe!'.

As incompreensões são inevitáveis na vida! Desde então começou para Irmã Ermínia uma realidade muito difícil que pouquíssimas Irmãs conheciam: lutas noturnas com os demônios que sempre fracassavam (por exemplo, em Mântua). E uma Irmã aqui presente me disse que certa manhã a encontrou com hematomas em todo o corpo. Somente ela ouvia os barulhos, as outras não ouviam nada.

Em Ravena, onde foi superiora da comunidade, amadureceu aquela que, depois, chamava simplesmente 'a Obra': a Obra da misericórdia do Pai celeste. É o ponto central sobre o qual sempre orientou a sua vida. E como ir ao Pai? Por meio de Jesus Mestre, Caminho, Verdade e Vida. Portanto, vejam como se sentia plenamente inserida na espiritualidade da Congregação: Jesus Mestre, Caminho, Verdade e Vida como caminho que leva ao Pai celeste.

A sua vida foi sempre caracterizada pelo espírito de serviço: acolher a todos com amor, escutar com paciência e doçura. Justamente nessa celebração eucarística foi escolhido o trecho evangélico: 'Venham a mim todos vocês que estão fatigados e cansados'. Nunca dizia não a ninguém, mesmo que, depois, recebesse reprimendas por ter parado muito para falar com as pessoas e deixasse de fazer outras coisas.

Em particular, Irmã Ermínia acolhia os sacerdotes, dando conselhos preciosos, e sentia por eles uma espécie de maternidade espiritual, que é uma das suas características. A sua obra caracterizava-se por isto: ensinar a viver a misericórdia do Pai.

Ela era preciosa em aconselhar, em prevenir. E fidelíssima às amizades em vida e depois: sufragava as almas dos falecidos como se as visse. E aqui eu deveria abrir um capítulo muito longo. Há muito mais a dizer sobre esse ponto... Repito: sufragava as almas dos falecidos como se as visse, como se falasse com elas.

Onde, sobretudo, se sentiu à vontade para manifestar os dons que o Senhor lhe havia dado, foi em Rimini, cidade em que passou os últimos quinze anos de sua vida desenvolvendo uma missão para a qual as superioras lhe deram liberdade e ajuda. Não se pode, por exemplo, deixar de recordar a saudosa Irmã Fausta, sua fiel secretária durante anos. Na grande sala colocada a sua disposição, Irmã Ermínia acolhia o maior número de pessoas que podia; em geral, cerca de cinquenta pela manhã e cinquenta à tarde, até que teve forças. Depois, diminuiu gradualmente o número pela metade. E o que fazia? Rezava, fazia rezar e instruía. As suas instruções tinham esta característica: ela as preparava, mas geralmente não dizia aquilo que tinha preparado. Afirmava que dizia aquilo que o Espírito Santo lhe sugeria: na sua simplicidade se expressava assim. É um fato que as suas instruções resultavam particularmente indicadas e, sobretudo, eram adequadas aos presentes. Muitos testemunhavam: 'Parecia mesmo que falava para mim; dizia as coisas de que eu tinha necessidade'.

E, finalmente, um aceno aos seus carismas: discernimento, conhecimento dos pensamentos, vidência e clarividência, profecia, cura, libertação. Aqui se teria muito o que explicar e, sobretudo, documentar com testemunhos concretos. Todos esses dons ficavam escondidos sob uma serenidade inalterável. Sempre serena, ela era capaz de esconder os próprios sofrimentos, enquanto as pessoas que tinham falado com ela iam embora encorajadas".

(Albano Laziale, 6 de setembro de 1996)

A superiora-geral das Filhas de São Paulo, que, na época, era Irmã Giovannamaria Carrara, disse, entre outras coisas:

"Irmã Ermínia era uma pequena do Evangelho, uma pessoa que tinha colocado no Senhor toda a sua confiança, e se deixava levar por ele, pelo seu Espírito; uma pessoa que tinha experimentado a imensidão da misericórdia do Pai e que passou a vida anunciando a todos essa misericórdia. Tornou-se ela mesma 'misericórdia' para os muitíssimos irmãos que se aproximavam dela e que amava com a delicadeza dos pequenos.

Disso são testemunhas as Irmãs da Congregação e, sobretudo, os Sacerdotes que acompanhavam o seu caminho espiritual; os homens e as mulheres de diversos níveis sociais que a encontravam com frequência para receber uma palavra de esperança, de luz, de amor.

Agora Irmã Ermínia está em Deus. Permitam-me também em seu nome agradecer todas as pessoas que vieram a esta solene Eucaristia. Antes de tudo, agradeço ao Padre Amorth e a todos os Sacerdotes concelebrantes. Muito obrigada à irmã, ao cunhado, aos sobrinhos, a todos os parentes. Obrigada a todos os amigos, tão numerosos, que vieram de Rimini e de tantos outros lugares.

Obrigada aos médicos e à equipe de enfermagem do hospital Regina Apostolorum. E a todas as Filhas de São Paulo que neste último mês de sofrimento estiveram perto de Irmã Ermínia com a oração, a proximidade e o afeto".

Padre Venanzio Floriano, Sacerdote Paulino, recorda de Irmã Ermínia:

"Encontrei-a pela primeira vez em 1980. Não a conhecia, nem jamais tinha ouvido falar dela; mas naquele encontro na estação de Milão intuí que ela já me conhecia; compreendi isso cada vez mais nos encontros que daí em diante tive com ela e com a sua experiência. Pude entrar com assombro e com grande alegria naquele coração, recebendo benefícios imensos para o meu sacerdócio.

À medida que o tempo passava, crescia em mim a convicção, sempre mais clara, da autenticidade do seu serviço à Família Paulina e à Igreja; e quanto mais aumentavam as críticas ao trabalho "dessa Irmã um pouco estranha", mais se aprofundava em mim a certeza daquilo que eu sentia, quando me oferecia para ajudá-la nas breves visitas que lhe fazia.

Com as críticas eu sofria e me alegrava ao mesmo tempo. Eram a garantia evangélica da verdade dos dons que Irmã Ermínia tinha recebido do Alto, tão bem especificados na homilia de sufrágio do Padre Amorth.

Em algumas circunstâncias mais graves, ela mesma me pediu e eu a defendi; mas não era necessário, porque era Deus mesmo que a defendia, como, por outro lado, ele defende os seus justos.

Nas muitas experiências que tive com ela, eu respirava a comunhão dos santos como uma realidade, não simplesmente como uma verdade que professamos no Credo apostólico: 'Creio na comunhão dos santos'. Jamais tive o dom de ver as presenças, mas alegrava-me com essa estupenda verdade que concretiza a comunhão real da Igreja triunfante, a Igreja padecente e a Igreja militante. Irmã Ermínia dialogava com elas, e com a mesma simplicidade dialogava com a Santíssima Trindade, a Virgem, os anjos e, particularmente, São Miguel Arcanjo.

Dizia-me: 'O que experimento e aquilo que me acontece parecem fábulas; mas, é realidade'.

Sobretudo, conquistava o seu coração de mãe: mãe de todos, especialmente dos Sacerdotes, das famílias desestruturadas, dos jovens perdidos. Era o mesmo coração de Deus que pulsava no seu íntimo; e perto dela sentiam-se amados pela Trindade.

O Senhor certamente a acolheu no seu Reino de luz, acompanhada de todas aquelas almas às quais, com o seu apostolado cansativo e sem repouso, tinha conseguido que a precedessem".

As Irmãs da comunidade de Rimini escrevem para testemunhar sobre essa Irmã que viveu por muitos anos entre elas:

"Irmã Ermínia foi, entre nós, uma presença de serenidade e de paz. Sempre presente nos atos comuns, na oração e em pequenos serviços comunitários, até o último dia, antes de ser internada em Albano. Era atenta às Irmãs, em todos os aspectos, e atenciosa quanto à saúde de cada uma. Enriquecida com dons espirituais por parte do Senhor, não os guardava para si, mas diariamente os doava a todos que se aproximavam dela, provenientes de todas as partes da Itália e também do exterior.

Era uma Irmã muito simples, delicada, silenciosa, que infundia confiança e otimismo. Conosco era uma Irmã muito afável, cordial, capaz de contar piadas perspicazes. Não a vimos jamais se lamentar e, apesar do seu assíduo atendimento às pessoas, em comunidade não deixava nunca transparecer o seu cansaço. Era de muita oração, aliás, de contínua comunhão com o Pai celeste, a quem fazia referência também em suas conversas. Nutria uma profunda devoção à Santíssima Virgem, e tinha sempre à mão o terço, que oferecia também às pessoas que vinham a ela.

Na cidade de Rimini, e em outros lugares, Irmã Ermínia era considerada a 'versão feminina do Padre Pio' (assim se expressavam muitas pessoas), tanta era a confiança que infundia; sou testemunha de milhares de pessoas vindas de todas as partes da Itália para a missa de sufrágio celebrada na Igreja de Rimini".

Do Quirinale, um telegrama do Presidente da República Italiana, Oscar Luigi Scalfaro:

"Rezemos juntos, para que a caríssima Irmã Ermínia obtenha o prêmio que o Senhor lhe preparou, depois de tanta vida de amor e um longo sofrimento aceito e oferecido.

Com profundo sentimento de gratidão por tanto bem recebido".

APÊNDICE

A SUA MEMÓRIA É UMA BÊNÇÃO

"A memória do justo é abençoada", diz o livro dos Provérbios (10,7). É uma frase que se aplica plenamente à Irmã Ermínia, que é recordada com afeto e reconhecimento por todos que a conheceram. Agora está sepultada no cemitério monumental de Certosa, em Bolonha.[1] Seus parentes a quiseram na sua cidade. Em geral as religiosas são sepultadas nos cemitérios dos seus conventos, junto a outras religiosas, mas a Irmã Ermínia encontra-se ali.

Há sempre flores frescas sobre o túmulo onde repousam seus restos mortais. Vi também nove corações de prata, *ex-votos* por graças alcançadas. "É um milagre que ainda não tenham sido levados", disse a Irmã que me acompanha. E há também uma garrafa de vidro contendo muitos bilhetinhos de papel dobrados: sem dúvida são pedidos de ajuda a Irmã Ermínia para que interceda junto ao Senhor. São segredos, talvez dolorosos, mas plenos de esperança e que a ninguém é consentido violar. De fato, ninguém se permite lê-los. E estão lá, como os corações de prata, intactos, apesar dos pequenos furtos que se acontecem ao redor.

---

[1] Via A. Costa (zona Ghisello) campo 62, 1º andar, campa 295. O cemitério foi construído no início do século XIX, sobre as estruturas do antigo convento dos monges da Ordem dos Cartuxos (*Certosini*, em italiano), fundado nos século XIV e suprimido por Napoleão em 1797. Daí o nome *Certosa*.

A ASSOCIAÇÃO "AMIGOS DE IRMÃ ERMÍNIA BRUNETTI"

A Associação "Amigos de Irmã Ermínia Brunetti" existe desde 1996.

Conta com centenas de inscritos, além de pessoas que frequentam como simpatizantes, e também Sacerdotes, Bispos, Irmãs Paulinas, além dos mosteiros de clausura.

As pessoas encontram-se duas vezes por ano na data do aniversário de Irmã Ermínia (17 de maio) e no dia de sua morte (5 de setembro).

Normalmente, celebra-se uma Santa Missa, depois se programa qualquer coisa para fazer durante o ano em memória de Irmã Ermínia. É comovente a ligação afetiva dessas pessoas com Irmã Ermínia. Em 2006, o grupo programou comprar, com os próprios recursos, uma ambulância que funcionasse como unidade móvel de reanimação neonatal, pediátrica e também para adultos. A ambulância foi doada à Cruz Vermelha de Riccione, no dia 20 de maio de 2006.

Na parte lateral esquerda da ambulância, existe a dedicatória:

> "Em memória de nossa mãe, Irmã Ermínia Brunetti, testemunha da misericórdia do Pai.
> TODOS os seus FILHOS".

O grupo colabora com várias iniciativas, entre as quais:

– o "Projeto Gemma" (adoção pré-natal a distância), que ajuda as mães gestantes em dificuldade e, também, dá assistência nos primeiros anos de vida da criança;

– adoção de um futuro Sacerdote em dificuldades econômicas para que possa prosseguir os estudos no seminário;

– alternar-se, quem puder, a manter em ordem o túmulo de Irmã Ermínia no cemitério da Certosa, em Bolonha.

O Grupo tem um responsável que envia uma circular periódica de informação a todos os inscritos sobre os eventos relacionados com a Associação. A última circular, do responsável Francesco Pini, concluía assim: "Saúdo-os com um escrito que Irmã Ermínia nos deixou:

> Agradecer sempre, todos os dias, ao Senhor
> pelo dom da fé em Jesus Cristo ressuscitado!
> Recordar-nos que 'somos filhos de Deus
> e o somos já hoje'
> e, portanto, que temos um Pai celeste
> cuja sombra nos protege e sustenta".

Graças alcançadas podem ser comunicadas à

ASSOCIAZIONE "AMICI DI SUOR ERMINIA BRUNETTI"
Responsável: dott. Francesco Pini
Via Panoramica, 8
40033 Casalecchio di Reno (Bologna)
E-mail: pini.francesco@virgilio.it
Tel.: +39-51-6130410
Fax: +39-51-6130529

Irmã Ermínia numa foto dos anos 1950.

Augusto Brunetti e Maria Malfanti, genitores de Irmã Ermínia.

A casa natal de Irmã Ermínia em Castiglione dei Pepoli (Bolonha).

A afabilidade era um traço característico de Irmã Ermínia, como demonstra também esta fotografia.

Casa das Filhas de São Paulo em Rimini, onde Irmã Ermínia viveu muitos anos.

Sala onde Irmã Ermínia recebia as pessoas que a procuravam.

Roma, 30 de outubro de 1983: Irmã Ermínia recebe a Eucaristia de João Paulo II no 50º aniversário de profissão religiosa.

Com Irmã Fausta Bossi, sua secretária.

Com Dom Zannoni, Irmãs e amigos.

Uma atitude típica de Irmã Ermínia.

Um grupo da Associação "Amigos de Irmã Ermínia Brunetti" com a ambulância doada em memória de Irmã Ermínia.

Projeto de uma escola a realizar-se em Moçambique, em memória de Irmã Ermínia.

Irmã Ermínia e seu sorriso acolhedor.

Túmulo no cemitério de Certosa, em Bolonha.

Uma das últimas fotografias de Irmã Ermínia.

Igreja de Rimini. Dois dias depois da morte de Irmã Ermínia foi celebrada uma Eucaristia de sufrágio. Centenas de pessoas encheram a igreja e a praça em frente.

Rua Dona Inácia Uchoa, 62
04110-020 – São Paulo – SP (Brasil)
Tel.: (11) 2125-3500
http://www.paulinas.com.br – editora@paulinas.com.br
Telemarketing e SAC: 0800-7010081